KB265100

연애와 협상

이 종 선

kofe
KofeHouse

머리글

연애와 협상을 집필하면서

국제협상전략연구소를 설립(1995)하고 그동안 "국제협상전략영어"와 '기업을 성공으로 이끄는 비즈니스 협'이란 제목의 협상관련 두 권의 저서를 낸 필자로서 항상 머리속에 숙제가 남아있는 것이다. 왜 한국인은 협상을 못하고 또 협상을 공부하기 싫어하는가? 그리고 2008년 5월에 터진 미국과의 쇠고기 협상파동을 보면서 또 한 번 협상의 중요성을 인식하고 있는 것이다. 쇠고기 협상에서 조금만 더 기본에 충실하였어도 사태가 이런 지경에는 이르지 않았을 것이란 생각을 하면서 그동안 7년 전부터 고민하고 구상한 또 한권의 협상저서인 "연애와 협상"의 최종 탈고와 편집을 정리 하게 된 것을 매우 기쁘게 생각한다.

지난 20년 동안 각종 비즈니스를 하면서 국제협상을 포함한 다양한 협상과 자문활동 그리고 협상을 주제로 국내의 많은 기업과 기관에서 강의를 하면서 항상 고민하는 것이 협상이라는 주제를 좀더 쉽게 재미있게 접근하는 고민을 한 것이다.

많은 사람들이 말하기를 협상책은 딱딱하고 어려운 생각이 들어서 책을 사고도 끝까지 읽기가 쉽지 않다고 하며 아울러 협상책은 특정인 계층에서만 사서 보는 주제로 인식되는 현실을 인식하고 있다.

왜 일반적으로 협상책은 다 어렵고 고루한 스타일이라고 생각하는가?

협상이라는 소재로 좀 더 소프트하고 대중적으로 다가 갈 수 없는가?

이런 생각을 하면서 협상을 재미있게 이끌어갈 주제에 대해서 고심하기 시작하면서

여러 주제를 생각하고 생각한 고민 끝에 생각한 것이 인간의 영원한 숙제인 남녀 간의 연애라고 하는 주제인것이다. 협상당사자처럼 입장차이에서 연애에서도 분명히 있고 그리고 연애를 연구하여보니까 협상과 너무나 유사한 과정을 거치는 것에 주목을 하고 연애와 협상의 상관관계를 연구하고 이렇게 또 한권의 협상저서를 쓰기로 결정한 것이다.

이책을 통해서 독자들이 협상의 많은 것을 얻는 것보다는 협상이라고 하는 것을 흥미롭게 다가가고 협상의 기본원리와 중요성만 이해하고 터득하기만하여도 이 책의 목표를 달성하는 것이다.

협상이라고 하는 교과서적인 수많은 이론과 기법보다는 편안한 마음으로 수필집을 읽는 기분으로 이 책을 통해서

재미있게 접근할 수 있는 연애를 통한 협상에 대해서 정리하고 새로운 관점에서 협상을 인식하기를 기대하는 것이다.

연애와 협상은 지극히 실천적인 주제인 것이다. 그러므로 당사자가 직접실행하지 않고는 연애와 협상의 오묘한 세계를 알수 없는 것이다. 이 책을 통해서 좀더 폭넓은 대중들이 협상에 관심을 가지고 협상을 공부하는 기본적인 지침서가 되기를 기대하면서 이 책을 집필하는데 필자에게 직간접적인 조언과 도움을 주신 모든 분들께 머리 숙여 감사드립니다.

아울러 한국정부도 국가발전을 위해서 좀더 국민과 국익을 위한 협상이 무엇인지를 대통령부터 지방자치단체의 일반 공무원까지 협상에 생산적인 협상을 추진하여서 협상을 통한 국가발전이 되기를 바라며 안타까운 마음을 자주 생각하는 한국의 협상현실이 좀더 발전하기를 기원하면서 독자분들의 인생과 건강과 행운이 함께 하기를 기원합니다.

2008년 5월 8일

햇살이 화창하게 내리비추는 연구소 창가에서

국제협상전략연구소 소장 이종선

차례

1장
연애와 협상의 기본

1
연애란 무엇인가?

우리 인간이 살아가면서 가장 재미있는 이야기는 무엇일까? 하는 생각을 하여보면 아마도 연애이야기가 아닌가 생각한다. 한국의 대중가요 대부분에서 사랑이라는 단어가 없는 가요는 없는 것을 보면 인생은 때가 되면 사랑과 연애로 시작해서 사랑과 연애로 마치는 것이 아닌가 하는 생각을 하면서 이 생각 저 생각을 하기도 한다.

그렇게 많고 많은 이야기 중에 어째서 인간은 연애 이야기라면 남녀노소 누구를 막론하고 정신을 집중하고 흥미 있게 듣는 것일까? 결론은 연애가 아주 재미있는 것이기에 그러는 것으로 생각하여보는 것이 어떤가? 세상에 성인군자 아닌 다음에 아니 성인군자도 역시 연애는 아주 재미있는 것으로 생각하는 것이 지극히 당연하다.

세상은 남녀가 있기에 세상이 존재하고 또 세상이 발전하고 아울러 인간이 존속하고 인류의 역사가 이어져 온 것이다.

그런데 남녀라고 하는 존재는 서로 적은 아닌데 그렇다고 누구도 남자는 여자를 여자는 남자를 완전히 알지 못하는 것이다. 여자를 완전히 아는 남자도 없고 남자를 완벽하게 아는 여자도 없지만 그렇게 부족하게 알면서도 인류가 남녀가 때로는 충돌하고 때로는 필요를 느끼면서 함께 살아온 것이 인류의 역사이다.

연애라고 하는 것은 이렇게 서로 필요를 느끼면서 서로 남자는 남자대로 여자는 여자대로 때로는 부족한 것을 느끼기에 그 부족한 것을 채우려고 남녀 간에 벌어지는 복잡하고도 어떤 정형화된 공식이 없는 주관식 수학문제를 푸는 듯한 기기묘묘한 남녀 간의 머릿속으로 온갖 지혜를 다 짜내고 때로는 조언자로부터 조언을 구하기도 하면서 스릴을 만끽하는 인생의 멋진 게임이 아닐까?

그러기에 누구나 지극히 자신의 연애 방법이 아주 진리인 것으로 착각하기도 하고 또는 잘 안 될 때는 답답함을 느껴가면서 묘수를 찾아보기도 하는 인생에서 정말로 재미있고 예측불허의 게임인 것으로 생각된다.

연애의 기본이 혼자서는 절대로 이루어 지지 않는 다시 말해서 항상 상대방이 있어야 하는 게임인 것이다. 그리고 연애라고 하는 것은 시도 때도 없이 할 수 있는 것이며 어떤 형식이나 자격이 있는 것은 더군다나 아닌 것이다. 연애를 하고 싶은 욕망이 없어진다고 하는 것은 인생의 도전심도 없어지는 시점으로 의욕이 떨어지는 것으로 생각하여야 하므로 세상에서 숨을 쉬는 한 인간은 남자는 여자를 그리워하고 여자는 남자를 그리워하는 것은 지극히 정상적이다.

세상에서 가장 바보스러운 말이 저 남자는 여자를 좋아하나 봐! 저 여자는 남자를 무척 좋아하나 봐!

정말로 이런 어처구니없는 말은 하지 말기 바란다.

아니 남자가 여자를 좋아하지 않으면 어쩔 것인가? 여자 역시 마찬가지 이다.

열 여자 싫어하는 남자 없고 열 남자 거절하는 여자 없는 것이 기본이며 인간은 그렇게 태어난 것이다.

그러기에 연애라고 하는 것은 인간으로 지극히 태생적으로 타고난 감정을 채우려고 인간으로서 지극히 자연스럽게 행하는 인간이 왜 인간인가를 깨닫게 하는 아주 멋진 또한 신이 내린 축복 중 하나의 선물을 인간 각자가 자신이 처한 환경과 각자의 개성을 살려서 상대방과 하는 흥미진진하고 때로는 결과를 함부로 예측하기 인생의 수학문제를 풀어가는 과정에서 일어나는 감정과 행동이 바로 연애가 아닌가 하는 생각을 하게 되는 것이다.

연애의 결과를 미리 예측하여서 실패가 두려우면 할 필요도 없는데 과연 연애에 실패라고 하는 것이 있을까 하는 것은 차차 생각해보기로 하자.

2
협상은 무엇인가?

　아마도 많은 사람이 협상이란 단어는 들어본 적이 있으면서도 협상의 의미가 무엇인가? 하는 질문을 받으면 협상이 이런 것이다. 라고 답변하기가 쉽지 않은 것이 한국사람들의 대다수로 파악된다. 필자가 지난 10년 이상 협상을 가르치면서 이런 질문을 던지면 외국에 유학을 다녀오고 공부를 많이 한 사람들조차도 이런 질문에 명쾌하게 답변하지 못하는 것을 보곤 한다. 사실은 인생을 살면서 자신의 이익과 손실이 무엇인지를 느끼는 어린아이부터 이미 협상은 하기 시작하고 있으며 아침부터 저녁까지 가정과 직장에서 그리고 직장에서 퇴근 후에 사회생활을 하고 다시 들어와서 가정에서 식구와 보내는 일까지 상당히 많을 과정이 협상인 것이 너무나 많은 것이다.

　인생살이 전부가 어찌 보면 협상으로 시작해서 협상으로 끝나는 것인데도 불구하고 많은 사람이 협상의 의미조차도 모르고 그저 그렇게 사실은 나름대로 협상을 하면서 인생을 사는 것이다.

그리고 많은 사람이 인생을 살면서 협상공부를 안 하고 사는 사람들이 많고 협상은 특정한 사람들만 하는 것으로 인식하는 경우가 있기 때문에 그런 것이 아닌가 하는 생각도 하는데 사실은 누구나 협상은 하고 있는 것이다.

그럼에도 불구하고 협상 공부를 하기 싫어하고 또 안 하는 것은 누구나 나름대로 할 수 있다고 하는 생각을 하기도 하고 또 닥치면 나름대로 하는 것이야 하는 생각을 하는 것으로 파악된다. 바로 이런 생각 때문에 한국사람들은 전 세계적으로도 협상력이 떨어지고 심지어는 국가적인 차원에서도 협상력이 떨어진다고 하는 각종 연구와 보도가 나오는 것이다.

협상이라고 하는 것은 마치 연애와 같은 것이다. 연애를 통해서 인생의 허전함을 채우고 또한 정신적으로 육체적으로 공허한 것을 채우기 위해서 즉 필요에 의해서 하듯이 협상도 자신이 모든 것을 다 감당하기 힘들기에 상대방과 서로 서로 나누고 받고 그러면서 세상을 살아가려고 좀 더 자신의 인생을 멋지게 살려고 하는 매우 중요한 결과는 이끌어내려고 상대방과 진행하는 과정에 있는 것이다.

　협상이라고 하는 것은 연애가 남녀가 서로서로 상대방이 필요하듯이 협상도 역시 상대방이 있는 매우 상대적이고 때로는 남녀가 서로 모르고 연애를 하듯이 협상도 역시 상대방을 처음에는 모르는 것이 많은 상태에서 시작하여서 지극히 자신에게 유리한 결과를 이끌어내려고 상대방과 벌이는 그렇지만 상대방을 인정하면서 상대방의 동의를 얻어내야 그리고 자신도 상대방에 동의하여야 하는 것으로 마치는 결론에 도달하려고 상대방과 벌이는 고도의 두뇌 게임으로 생각하여야 한다.

　협상도 역시 모든 연애가 그러하듯이 항상 합의를 이루는 것은 아니고 때로는 결렬이 되기도 하고 또 자신의 뜻대로 안 되는 점을 고려하면 연애나 협상이나 너무나 비슷한 요소를 가지고 있음을 인식하기 바란다.

　남자가 평생을 살아도 여자의 속을 모르듯이 그리고 "열 길 물속은 알아도 한 길 사람 속은 모든 다"는 속담처럼 협상하는 경우는 정말로 상대를 알기가 어려운 것이다.

　특히나 돈 문제가 걸린 각종의 비즈니스 협상은 누구나 자신의 이해관계가 걸린 점에는 누구나 쉽게 상대방의 요청을 쉽게 수락하지 않는 것은 항상 인식하여서 협상이라고 하는 것은 내 맘대로 쉽게 되는 것은 아니라고 하는 가정에서 출발하는 것이 정상이다.

상대방이 있으면서 상대방과 어떤 한 개의 목적을 향해서 서로 간에 밀고 당기며 자신에게 유리한 결과를 도출하려고 머릿속에 있는 생각을 분명한 다양한 의사전달이라고 하는 과정을 거치면서 합의하는 매우 복잡하고 예측불허의 두뇌게임이 협상이다.

핵심포인트

① 쌍방간에 중요한 결과를 도출하는 과정
② 상대의 필요성 인정
③ 상대방의 동의가 필요
④ 고도의 두뇌게임
⑤ 밀고당기는 의사전달과정

3
연애는 왜 하는가?

　앞에서 연애의 개념에 대해서 고찰을 하여 보았다. 아마도 누구나 연애에 대한 생각은 하고 있을 것이다. 누구나 나름 대로 생각은 하여 보았지만 글로 각자가 정리하여보면 더 흥미있는 일이 될 것이다. 그리고 연애라고 하는 것은 정상 적인 사람이면 누구나 하고 할 수 있는 것이기에 누구나 일 가견이 있으며 독자 분 중에도 연애 박사가 많이 있을 것으 로 생각한다. 그러면 연애의 목적보다는 연애하는 이유에 대 해서 생각해본 적이 있는가?

　연애와 결혼은 다른 것이다.

　결혼은 왜 하는가? 하는 질문과 연애는 왜 하는가? 하는 질문은 다른 것이다.

　연애를 하는 이유는 여러 이유 중 하나가 필요에 의해서 하는 것이다. 그리고 필요가 없으면 하지 않는 것이다. 연애 를 하는 데는 시간과 돈과 정열이 투자되는 것으로 이런 투 자를 하고 무엇을 얻지 못한다면 하지 않은 것이 더 좋은 것이다. 그러면 연애를 통해서 무엇을 얻을 것인가?

- 공허한 마음을 채우고자?

- 허전한 육체의 욕구를 채우고자?

- 결혼을 하기 위한 탐색전으로 연애를 통해서 상대를 관찰하고자?

- 집에 있는 남편과 아내가 싫증이 나서 잠시 일탈을 하고자?

아무튼, 각자 또는 남녀가 약간은 다른 입장에서 연애하는 것이다.

그런데 한마디로 요약하면 그래도 행복감을 느끼고자 하는 것이라고 필자는 정의하고 싶다. 행복한 마음을 느끼지 못한다면 즉 다시 말해서 남녀가 만나서 좋은 마음과 말로 표현하지 못하지만 좋은 감정이 생기지 않는다면 연애는 불필요한 것이다.

연애를 하는 데는 유형의 무형의 많은 에너지가 투자되는 것인데 그런 에너지를 투자하는 것을 보상하는 이상의 어떤 반대급부가 생기기에 연애를 하는 것으로 생각한다.

남녀가 만나서 연애하여서 남자 혼자서 또는 여자 혼자서 느끼지 못하고 혼자서는 구할 수 없는 그 어떤 것을 구하는 것이 연애가 아닌가 생각한다.

그러므로 연애는 혼자서는 이룰 수 없는 것을 상대의 힘을 빌려서 더 큰 행복감을 찾아 나서는 인간이 태어날 때부

터 남자 또는 여자 스스로 이룰 수 없는 것을 성취하는 감
정을 느끼고자 남녀가 상반된 특성이 있으면서도 그런 특성
과 또는 그런 특성이 장애물이 됨에도 서로 공통의 목적을
향해서 나아가는 서로 필요에 의해서 진행하는 매우 심리적
이고 또한 여러 가지 물질적인 조건에 매우 큰 영향을 받는
것이다.

　요즈음 세상에 남녀가 만나는데 마음만 가지고 만난다는
것은 거의 불가능하다. 서로 각종 조건을 따지고 또 상대가
나의 마음과 맞는지 틀리는지 또는 마음이 달라서 그 마음
을 맞출 수 있는지 하면서 꼼꼼히 따져보면서 연애를 하는
것이지 마음에 든다고 또한 마음만 보고 남녀가 만나면서
귀한 시간을 투자하는 일은 정말로 거의 불가능한 사실이라
고 생각한다. 세상에 순수한 것이 얼마나 되고 무조건이라는
것은 얼마나 될까? 그런데 분명한 것은 남녀 간의 연애는
무지하게 인간적인 것도 아니고 그리 순수한 것도 아니며
그리 인간적일 필요도 또한 순수할 필요도 없는 것이다. 세
상에는 자선사업이라는 단어가 존재한다. 또한, 자선사업가
라는 사람도 있다. 그러나 연애는 자선사업이 아니다. 물론
그 남자가 혹은 그 여자가 애처로워서 만나주고 연애를 하
였다고 하는 사람도 있을 수 있으나 그런 사람들은 요즈음
세상에 별로 많지 않을 것이며 그런 말을 할지라도 자신이

그 상대방이 정말로 싫으면 만나지 못하는 것이다. 돈 주고 산 옷도 때가 되어서 싫으면 입지 않고 버리는데 사람을 만나면서 싫은데 만난다고 하는 것은 그 진위를 의심할만한 발언이다.

아무튼, 좋으니까 만나지 싫어하는데 만난다고 하는 것은 논리에 타당하지 못한 사실로 남녀가 만나는 것은 어떤 이유가 분명히 있는 것이며 그 만남을 그 누구도 강제 하지 못하기 때문에 연애를 하는 당사자들은 각자 자신의 이익을 위해서 그리고 그 결과에 대해서도 전적으로 자신이 책임지는 것이 매우 합당한 것이다.

연애의 결과에 대해서 나중에 후회하고 때로는 누가 소개하여서 만났는데 소개자의 말을 믿고 후회한다느니 하는 발언하는 것은 정말로 어리석은 일이다. 어디까지나 소개자는 도덕적인 책임이 있지 소개를 하여서 어떤 물질적인 편취를 할 목적으로 하는 경우는 다르지만, 연애를 하는 당사자의 책임이 크다는 사실을 주지하고 연애를 하면서 결론적으로 연애하는 이유는 남녀가 만나서 혼자서는 느끼지 못하는 제삼의 어떤 것을 얻고 느끼고자 하는 남녀가 서로 필요를 느끼는 적극적인 인간적인 행동과 사고이다.

4
협상은 왜 하는가?

협상이라고 하는 단어 자체가 어딘지 모르게 어렵고 나와는 관련이 없는 일로 착각하는 많은 사람이 있다. 그리고 한 국문화에서 협상이라고 하는 단어는 어쩐지 어울리지 않은 요소를 많이 가지고 있다. 그러나 세상사는 사람들은 누구나 의식적이든 무의식적이든 항상 협상을 하고 있으며 길게 보면 우리의 삶 자체가 협상으로 시작해서 협상으로 마치는 것이라 하여도 지나친 말은 아니다. 협상이라고 하는 것을 영어단어로 보면 negotiation이라고 하는데 영어단어 자체도 스펠링이 길고 발음도 어려워서 그런지 아무튼 협상은 어려운 것으로 느껴지는 것이다. 그런데 협상은 왜 하는 것일까? 앞에서 연애는 왜 하는가? 에서 이해하듯이 협상이야말로 지극히 이기적이다. 우선 자신의 이익을 관철하기 위해서 어떤 상대방과 어떤 목적을 가지고 서로 상반된 입장에 있으면서도 서로 어떤 결론이나 합의하기 위해서 서로가 필요에 의해서 만나서 어떤 사안을 가지고 자신의 주장을 하고 상대의 의중을 떠 보면서 상황에 따라서 좀 더 공격도 하고 때로는 적당히 양보도 하면서 쌍방이 서로 발전적인 결과를 도출하려고 벌이는 두뇌 게임인 것이다.

그러기에 상대의 마음을 알지 못하고 상대를 자신의 의중으로 오게 하는 게임으로 협상이라고 하는 것은 자신의 뜻대로 되는 것이 아닌 정말로 상대가 있기 때문에 정말로 호락호락한 게임은 절대로 아니다.

협상은 어디까지나 상대가 있어야 하는 게임으로 절대로 혼자서는 이룰 수 없는 어떤 제 삼의 결과를 도출하려고 진행하는 것이므로 협상을 할 때는 상대방을 인정하고 또 상대방이 있기 때문에 이 협상을 진행하는 것이라는 긍정적인 마음으로 하여야 한다.

협상을 통해서 자신에게 유리한 결과가 없을 경우는 연애에서 서로 만나서 불행이 생기면 서로가 헤어지는 것이 차라리 이득인 것처럼 협상도 역시 하지 않는 것이 더욱더 자신에게 유리한 것이므로 중지하고 하지 않는 것이 진리이다. 그러나 협상을 통해서 얻는 것이 있다고 생각하면 적극적으로 자신의 이득을 위해서 모든 협상전략을 동원하여서 하는 것이다.

연애의 결과는 당사자들의 책임인 것처럼 협상도 역시 협상을 하고 나서 그 결과는 협상을 진행한 당사자의 책임인 것이다. 협상이 끝나고 나서 이 협상이 잘되었느니 못되었느니 하는 생각은 하는 후회는 하는 것은 이미 "때는 늦으리"인 것이다. 마치 여자가 남자의 감언이설에 속아서 그 남자와 하루밤을 자고 나서 후회하는 것처럼 바보스러운 일은 없다.

협상의 결과는 협상 당사자의 책임이다. 잘못된 정보를 가지고 하여서 후회한들 무슨 소용이 있을까? 사전에 좀 더 치밀하게 정보를 조사하지 못한 당사자의 책임이 더 큰 사실이다.

예로부터 각종 매스컴에 오르내리는 사건 중의 하나가 사법고시생인 줄 알고 또는 재벌 2세인 줄 알고 즉 다시 말해서 잘못된 정보를 가지고 좀 더 솔직히 말하면 속아서 좀 더 신랄하게 말하면 팔자 좀 고쳐볼까 하는 허황된 생각에 그런 남자에게 속아서 돈 주고 몸 주고 나서 후회하고 결국 사기를 당하였다고 하면서 형사사건이 발생하는 것을 각종 보도를 통해서 심심치 않게 볼 수 있다. 정말로 이것을 보면 여자의 허황된 생각에 허점이 있어서 그런 허점을 파고드는 사기꾼이 있다. 그런가 하면 역시 남자들도 여자들에게 말도 안 되는 일로 당하는 사건도 있는 것이다. 이런 점에서 보면 협상이라고 하는 것은 올바른 정보 속에서 자신의 조건과 능력을 벗어난 결과는 얻어내는 복권 당첨사건과 같은 기적을 창출하는 기대를 하고 협상을 하는 것이 아니다. 협상이라고 하는 것은 협상을 통해서 무한정 얻어내는 것은 절대로 아니고 보편타당성 있는 범주에서 이루어지는 것이 대부분이지 일확천금을 노린다거나 신데렐라의 꿈이 이루어지는 경우는 정말로 확률적으로 매우 힘든 경우이다.

결론적으로 협상이라고 하는 것은 쌍방이 서로 입장이 다르지만 서로 공통으로 지향하는 어떤 목적을 향해서 매우 복잡하고 때로는 세련되게 정중하게 예의를 갖추면서 진행하는 가정으로 쌍방이 합의를 도출하여야 한다. 그러나 때로는 정중하지 못하고 예의를 갖추지 못하면서도 하는 협상도 자주 등장하는 것인데 과연 이런 방법이 나쁘다고 할 수는 없다.

수학에서 아주 간단한 문제는 간단한 공식을 대입하여서 풀면 되지만 아주 복잡한 문제는 여러 가지 공식을 동원하여서 여러 가지로 전개하여서 풀어가는 것인데 비유적으로 설명하면 협상은 지극히 어렵고 복잡한 수학문제와 같은 성격이 강해서 수학문제를 푸는 자세가 요구되는 것이 협상이다.

협상을 통해서 자신에게 협상하기 전보다 얻을 것이 없고 오히려 불리한 결과가 예상된다면 협상은 안 하는 것이 더 나는 것이다. 연애를 하는데 연애하는 것이 오히려 혼자 있는 것보다 더 피곤하고 짜증 나고 불행감을 느낀다면 헤어지고 혼자 있는 것이 더 상책인 것과 같은 것이다. 협상을 통해서 적극적으로 어떤 이득을 얻고자 하는 것이 협상하는 이유이다.

인간은 누구나 어떤 것이 이득인지 아닌지는 동물적으로 판단이 서기도 하지만 협상의 결과에 대해서는 아주 단순한 득실의 계산이 아닌 경우는 좀 더 장기적으로 분석하고 따져 보아야 득실의 계산이 나오는 경우도 있기에 복잡한 협상은 전문가 집단이 하는 것이다.

그럼에도 불구하고 누구나 협상은 자신과 자신이 속해있는 조직의 이해상관이 있는 일을 처리하면서 어떤 득실을 계산하면서 자신에게 최대한 이득을 가져오는 결과에 도달하기 위해서 하는 것이 협상의 이유이다.

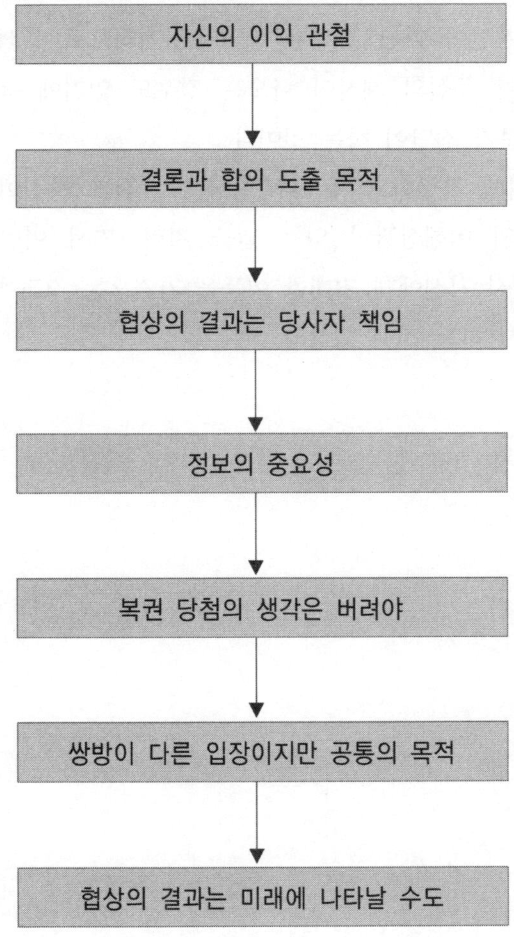

핵심포인트
자신의 이익 관철
결론과 합의 도출 목적
협상의 결과는 당사자 책임
정보의 중요성
복권 당첨의 생각은 버려야
쌍방이 다른 입장이지만 공통의 목적
협상의 결과는 미래에 나타날 수도

5
상대가 있어야 하는 연애

세상에 혼자서 할 수 있는 일도 많이 있다. 각종 스포츠 경기도 혼자서 하는 종목의 대표적인 것이 육상, 수영, 사격, 역도 등은 상대가 없어도 혼자서도 할 수 있다. 정말로 많은 스포츠 종목 중에서 그런 종목은 매우 지루하고 또는 따분하며 고독하여서 자신과의 경쟁으로 경기력 향상시키기가 매우 어려운 것이다. 특히나 사격과 역도는 정말로 자신과의 싸움으로 지루하고 별로 재미없는 경기인데 이런 종목에서 좋은 성적을 내고 정상을 지키는 것은 매우 힘이 든다. 인간은 태어나서 죽을 때까지 혼자서 사는 사람은 없다고 보면 거의 틀림이 없다. 무인도에서 혼자서 사는 사람이 있을까 하는 생각도 하지만 아주 공상적인 가상을 제외하면 인간은 혼자서 살 수 없는 결국은 인간과 서로 어울리면서 살아가는 것이 지극히 정상적이다. 그런데 왜 인간은 아니 모든 동물은 양성으로 분리되어서 지구를 살아가는 것이다. 특히나 만물의 영장이라고 하는 인간도 남녀로 나누어져서 살아가고 있는데 아마도 연애 감정이 없다면 좀 더 원시적으로 표현하면 남녀가 서로 좋아하지 않는다면 인류의 역사로 이어 지지 못하는 것이 아닌지? 당연히 이어지지 못하는 것이다.

인류의 역사는 남녀의 연애 감정에서 출발하는 것이 아닌지?

그러기에 남녀는 인류역사의 동반자이지 절대로 적이 아니며 어떤 경우는 남녀가 적대관계로 되는 상황이 있는데 이는 매우 잘못된 인식이다.

그러기에 남녀는 항상 서로가 인류의 역사에서 서로 동반자로서 인정하고 존중하는 생각으로 대하여야 한다. 물론 남녀의 특성은 인정해야 한다.

남녀 간에 특성을 통해서 보면 서로 간에 상호보완 하는 요소를 타고난 것을 인식할 수 있기에 왜 남녀가 있어야 하는지 그리고 왜 남자는 여자가 필요한지 여자는 왜 남자가 있어야 하는지 누구나 쉽게 이해할 수 있는 대목이다. 정말로 연애를 하려면 가장 급선무가 상대가 있어야 한다. 그러기에 연애를 하는 경우는 천부적으로 다른 특성을 타고난 남녀 차이를 인정하고 그런 과정에서 서로 부족한 부분을 상대로부터 채워주는 것을 통해서 행복감을 느껴가는 것이 연애의 과정이다. 상대가 없으면 모든 것이 없어지는 것이 연애이다.

상대가 내 눈앞에서 사라지지 않게 하려면 이 상대방을 어떤 방법으로 대우할 것인가는 각자 그 상대방의 필요성이 인식되는 한 서로 존중하고 상대를 만족하게 하는 전략으로 나가면서도 때로는 자신의 전략을 관철하는 방법을 고안하는 것이 연애인 것이다.

우리 유행가 중에 이런 가사가 있는 노래가 있다.

이 의미는 적당한 상대가 있을 때 너무 자신의 주장만 하면 도망가고 후회한다는 의미로 연애를 협상론적인 의미로 고찰하는 아주 의미 있는 가사이다. 연애도 역시 상대적으로 자신이 혼자서 다 처리한다면 어째서 상대방이 필요하겠는가? 상대가 없어지고 후회하면 다시 원점에서 시작한다는 의미로 그동안의 노력이 허사로 돌아간다고 하는 의미가 있는 연애와 협상 상대방의 존재의 중요성을 인식하게 되는 가사로 생각된다.

이 책을 읽는 독자분 중에서도 현재 연애하는 상대방에게 잘해주어서 놓치고 후회하지 않기를 바라는 마음을 전하고 싶다.

세상에는 절반이 남자이고 절반이 여자이지만 막상 자신과 연애를 할 수 있는 상대를 찾는 것 자체도 힘이 들고 또한 적당한 상대를 만나서 연애를 지속하는 관계라면 100% 자신의 마음에 들지 않아도 상대에게 잘해주어야 한다. 마찬가지로 상대방도 역시 자신에게 100% 만족해서 연애를 지속하는 것은 아니라는 것을 이해하여야 한다.

그래서 연애는 항상 상대가 있어야 하고 또 상대를 존중하면서 서로 함께 행복한 마음을 유지하는 적극적인 노력을 하여야 한다.

6
상대가 있어야 하는 협상

　운동 종목 중에 대부분이 경기가 상대가 있어야 하는 것이 대부분이다. 단체 종목 말고 특히나 네트를 두고 하는 경기 중 탁구나 배드민턴 테니스 등은 매우 협상적인 요소를 많이 갖추고 있는 경기로 협상을 연구하는 측면에서 이 경기 종목을 관찰하면 매우 재미있는 경기이다.

　필자는 취미로 탁구경기를 좋아하고 현재 대한탁구협회공인 1급 탁구심판이며 앞으로 국제심판까지 공부하여서 시험에 합격하여서 올림픽에 한국인으로 국제심판으로 활동하고 싶은 꿈이 있다.

　분명히 현실 가능한 목표로 생각하고 현재도 노력하고 있다. 정말로 그런 종목은 네트를 두고 1:1 또는 2:2로 공이나 배드민턴 셔틀콕을 가지고 한 번의 기회를 얻으면서 경기하는 모습이 협상과 매우 유사한 점이 있다.

협상이라고 하는 것은 어떤 경우도 독불장군이 없는 것이다. 누군가 상대방이 있어야 하는데 그 상대방은 어떤 힘의 균형과 때로는 조건과 시장상황에 따라서 그 상대방에 대한 대응이 달라지는 것이다. 상대에 대해서 어느 고정관념을 버려야 하는데 연애에서 상대를 존중하듯이 협상에서도 상대를 매우 존중하고 인격적으로 대하는 것이 기본이다. 한번 하고 마는 협상도 있겠지만, 자신의 개인 생활이나 업무나 비즈니스를 통해서 협상하는 상대방은 대부분 꾸준히 반복해서 만나는 경우가 대부분이다. 그리고 한번 만나서 협상하고 나서도 언젠가는 또다시 만나서 협상하는 경우가 대부분이다.

그리고 결국은 협상 파트너는 결국은 자신에게 이익을 가져다주는 귀한 존재이므로 연애에서 마찬가지로 협상 파트너를 잘 관리여야 한다. 유행가 가사처럼 **있을 때 잘해야지** 잘못하여서 떠나고 나면 그만한 협상 파트너 구하기도 쉬운 것이 아니다. 지속적으로 자신에게 이득을 가져다주는 협상 파트너는 결국은 고객이다. 세상의 모든 부가가치 창출은 고객으로부터 나오는 것이다. 비즈니스 협상 파트너는 고객이라는 생각으로 대하여 하는 것이며 누가 더 우위에 있다고 하는 힘의 논리에서 벗어나서 평등한 것이다. 물론 협상에서 누가 유리하고 불리한가라는 개념은 있지만 어디까지나 협상의 파트너는 대등하고 평등하다는 인식을 하고 협상에 임하는 것이 기본자세인 것이다. 협상이라고 하는 것은 어느 일방이 이기고 지는 그런 전쟁과 같은 승패의 논리보다는 다함께 win-win 한다고 하는 개념으로 쌍방이 모두 다 협상을 통해서 이득을 보는 목표를 가지고 협상에 임하는 것이 기본이다. 그러나 때로는 협상의 결과에 따라서는 누군가 더 협상이 잘되었고 또 때로는 협상이 잘못되어서 불만을 느끼는 일도 있는 일은 있는 일이다. 이런 점을 보완하고자 우리는 협상기법과 전략을 공부하고 훈련하는 일이 반드시 필요한 것이다.

협상을 공부하고 전혀 협상에 대해서 무지한 사람과는 실제로 협상에 임해서 협상을 하여보면 초등학생과 대학생과의 학력차이처럼 상상 이상으로 협상력의 차이가 나는 결과가 나오는 점을 인식하여야 한다.

아무튼, 협상이라고 하는 것은 어떤 경우에도 상대방이 있어야 하는 점을 숙지하고 협상이라고 하는 것은 똑같은 사안이라도 협상의 상대방이 누군가이냐를 신중히 파악하고 대책을 세워서 협상전략을 상대방에 따라서 적절한 협상을 진행하여야 한다.

마치 연애를 할 때 연애 상대방이 바뀌었는데도 과거에 과거의 파트너에게 하던 방식대로 하여서 연애를 그르치는 일도 종종 있는 것이다. 즉 연애의 파트너에 따라서 새로운 연애전략을 수립하듯이 협상도 협상 상대방에 따라서 새로운 전략으로 대처하는 것이 협상의 기본임을 숙지하여야 할 것이다.

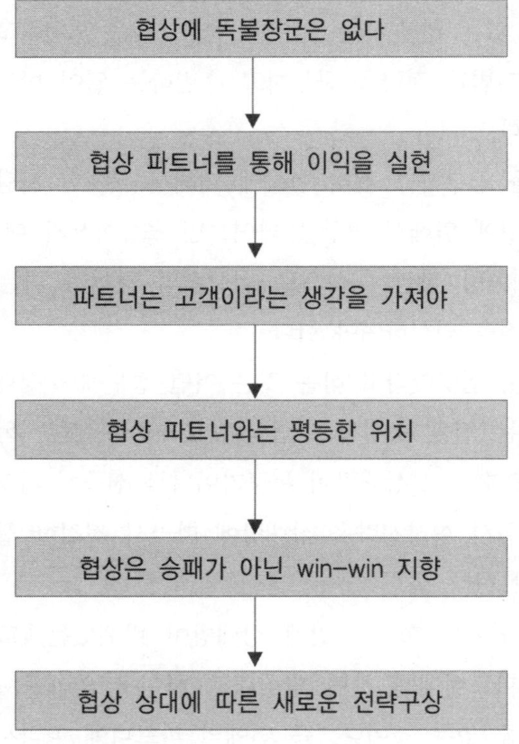

핵심포인트

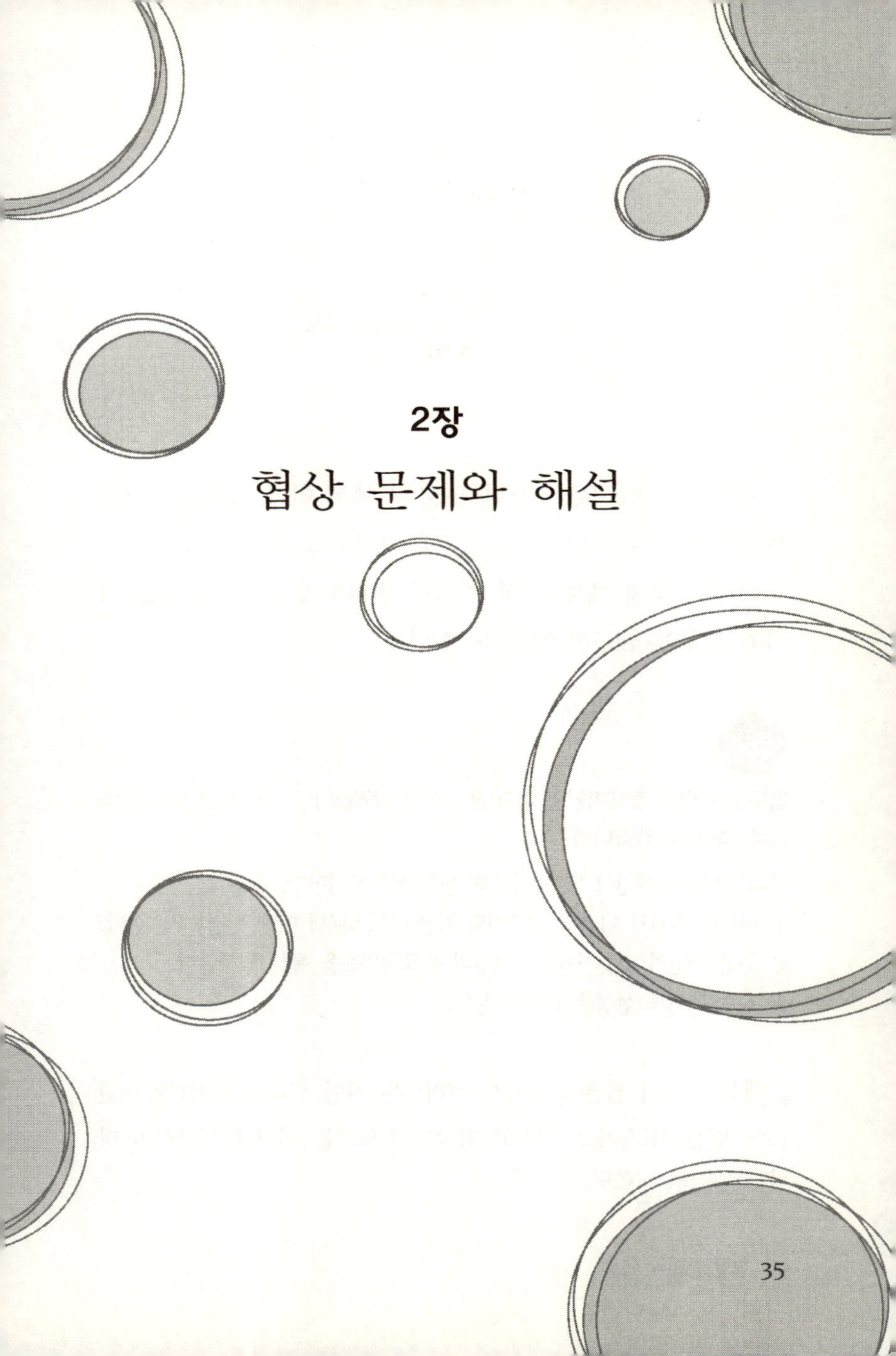

2장

협상 문제와 해설

1
문제의 접근

여러분이 이 책을 읽으면서 앞부분에서 이미 점검한 10개의 문제를 보고 나름대로 각자 생각을 해보았을 것이다.

이제 협상에 대해서 몇 가지를 점검하였으므로 문제를 가지고 협상을 공부하여보기로 한다.

업무상 우연히 절세미인의 아가씨를 알게 되었습니다. 여러분은 어떤 방식으로 접근하시겠습니까?

a) 그 여인이 애인이 있을 것으로 생각하고 포기한다.

b) 나중에 결과가 나쁘면 업무에도 지장이 있으니까 아예 신경을 안 쓴다.

c) 우선 애인이 있는지를 그 여인의 동료직원들을 통해 알아본다.

d) 우선 데이트 신청부터 하고 본다.

해설 >>> 이 질문에 대해서 여러분은 어떤 생각을 하실까? 지난 10여 년간 이 문제를 가지고 협상을 강의하는 시간에 질문하면 다양한 의견이 나온다.

그런데 이 책은 제목이 연애와 협상이므로 연애를 공부하는 것이 아니라 연애라는 현상을 통해서 협상을 흥미 있게 공부하는 서적이다.

인생을 살면서 솔직히 절세미인을 만날 일이 과연 몇 번이나 있겠는가? 수학적으로 절세미인이란 개념이 집합적으로 성립이 불가능한 명제이지만 아무튼 각자 개인마다 편차가 있기는 하지만 솔직히 현실적으로는 미인은 있는 것이다.

필자도 비즈니스 때문에 동서양을 다니면서 꽤 많은 대단한 미인을 만나보기도 하였지만 1년에 과연 절세미인으로 꼽히는 미인을 만나서 차 한 잔이라도 마시는 일이 그리 많은 것은 아니다.

그런데 이 문제에서 절세미인을 다른 개념으로 볼 수 있는 것이다. 절세미인을 일생일대의 일확천금을 벌 가능성이 있는 사업기회로 바꾸어 생각한다면 여러분은

a) 그 여인이 애인이 있을 것으로 생각하고 포기한다.

　　이런 사람은 아예 비즈니스 할 자격이 없다.

b) 나중에 결과가 나쁘면 업무에도 지장이 있으니까 아예 신경을 안 쓴다. 이 역시 용기가 없고 현실 안주형의 사람으로 협상할 자격이 없는 사람이다.

c) 우선 애인이 있는지를 그 여인의 동료직원들을 통해 알아본다.

　　어쩌면 이 방법이 타당한 선택이라고 생각할 수도 있다. 그러나 일생일대의 비즈니스 기회를 다른 사람에게 정보를 준다고 하는 것은 매우 어리석은 일이다. 비즈니스에서는 친구도 형제·자매도 없는 냉정할 수가 있는 것이다. 그리고 또 비즈니스가 아닌

정말로 절세미인이라면 그런 절세미인에 대한 정보를 동료직원을 통해서 알아본다고 하는 것은 역시 잘못된 일로 그 동료직원을 경쟁자로 만드는 일로 적절한 행동이 아니다. 그리고 절세미인 앞에서는 친구의 우정도 없다.

d) 우선 데이트 신청부터 하고 본다.

우선 데이트 신청을 하여 보아야 하는 것으로 큰 비즈니스 기회가 있으면 자신이 한번 도전한다는 마음을 가지고 있어야 하는 자세로 하는 사람이 진정한 협상가로서 발전 할 수 있는 것이다.

2
가격의 협상

문제2

설악산에 놀러 갔다가 기념품점에 들러서 목각기념품을 발견하고 가격표를 보니 1개에 30,000원이었다. 3개를 사고 싶은데 어떻게 할 것인가.

a) 2개에 얼마냐고 묻는다.
b) 3개에 얼마냐고 묻는다.
c) 그 목각기념품에 대한 특별 가 판매가 있는지 물어본다.

해설 》》 이런 경우는 소량이므로 2개가 얼마인지 알아보고 2개 가격을 점검한 후에 1개를 더 사려고 하니 좀 더 싸게 달라고 하는 것이 아주 기초적인 협상 방법이다.

문제3

이탈리아 밀라노로 여행을 가서 선글라스를 사러 가서 마음에 드는 선글라스를 발견하고 사려고 했더니 가격이 200,000리라이다. 이럴 때는 어떤 식으로 깎아 달라고 하겠는가.

a) 정찰제이니까 신용카드로 산다.
b) 현찰로 산다.

c) 나중에 외국인 부가세 환급을 받기 위한 서류를 해달라고 요청한다.
d) 현찰로 살 테니 15% 깎아 달라고 요구한다.

해설 >>> 외국에 가면 관광객이 물건을 사면 나라마다 면세제도가 있다. 꼭 면세점이 아니더라도 서류절차에 의해서 면세를 혜택을 받을 수 있는데 시간이 걸리고 절차가 복잡하다. 그러므로 이 경우는 d) 현찰로 살 테니 15% 깎아 달라고 요구한다는 것이 정상적인 협상 방법이다.

이 문제는 필자가 이탈리아 밀라노에 출장을 가서 선글라스를 사면서 직접 실행한 사례이다.

가전할인점에 가서 마음에 드는 냉장고를 발견하고 보니까 가격이 600,000원이었다. 더 할인하여 달라고 했더니 직원이 말하기를 "죄송합니다. 저희 물건들은 이미 가장 싼 값으로 가격표시가 다 돼 있습니다. 따라서 더는 깎아 드리는 것은 회사의 방침에 어긋나는 일입니다." 이 말을 들은 여러분은?

a) 그렇다면 지배인을 보자고 한다.
b) 그 직원이 말하는데 그럴듯하니까 그대로 받아들인다.
c) 직원에게 계속해서 값을 깎아 달라고 조른다.

해설 >>> 직원 수준에서는 더 이상 안 되는 일이므로 협상의 재량권이 더 많은 지배인을 불러서 가격을 흥정하는 것이 현명한 방법이다.

3
협 상 과 전 략

국제우체국세관에 외국에서 물품을 통관하러 가서 "물품 통관 안내서"에 기재한 서류를 준비해서 가져갔더니 세관담당자가 서류가 미비하니까 다른 서류를 더 준비하여 오라고 말하면서 서류를 반려한다. 이런 경우는 여러분은?

a) 당연한 이야기이니까 말없이 돌아선다.

b) 잠깐 보자고 불러내서 담뱃값이라도 주고 통관한다.

c) 이 서류를 가지고 통관해 달라고 사정한다.

d) 왜 처음부터 서류 준비를 제대로 하게 안내장에 기재 안 했느냐고 물어본다.

해설 >>> 이 문제는 필자가 아주 오래전에 직접 겪은 상황입니다. 정말로 그 당시에는 관세청 직원에게 무역회사 직원은 아주 약자입니다. 그리고 솔직히 통관 상에 부적절한 사실도 있었음이 사실입니다. 이제는 세상이 변하여서 공무원들이 많이 친절하여지고 있습니다. 그럼에도 불구하고 공무원들의 비위 사실이 보도되고 있습니다. 사실 무역회사 직원은 세관원에 대해서 절대 약자입니다.

그래서 세관원에 찍히면 차후에도 곤란하니까 a) 당연한 이야기이니까 말없이 돌아선다를 하거나 b) 잠깐 보자고 불러내서 담뱃값이라도 주고 통관한다.가 상식적인 상황이었습니다. 그리고 c) 이 서류를 가지고 통관해 달라고 사정한다는 것은 솔직히 통하는 것도 아니었습니다. 그래서 저는 당시에 배짱 대응하여서 강자에게는 강하게 하는 정면 돌파를 위해서 d) 왜 처음부터 서류 준비를 제대로 하게 안내장에 기재 안 했느냐고 물어본다는 전략으로 따지고 들었으며 이런 저의 태도에 오만한 발언을 하는 세관원을 상대로 불친절을 물고 늘어져서 결국은 그날 통관을 한 사실이 있습니다.

협상에서 강자에게는 원칙적으로 정면 돌파를 그리고 약자에게는 상대를 배려하는 전략이 중요한 협상전략일 수도 있습니다.

중고 골프채를 세트를 30만 원에 팔려고 하는데 어떤 사람이 와서는 그 골프채를 35만 원에 사겠으니 빨리 팔라고 조른다. 이런 경우는

a) 웬 횡재냐 하고 얼른 판다. 또 임자를 만나려면 시간이 걸릴 것 같아서
b) 벼룩시장에 광고가 나갈 때까지 기다리고 한다.
c) 40만 원 달라고 제안한다.
d) 35만 원은 안 되니 조금 더 돈을 쓰라고 제안한다.

해설 ≫ 협상에서는 때로는 조급증이 불리하게 작용할 수 있다. 그리고 자신이 급할수록 오히려 여유를 부리는 전략이 중요하다. 위의 문제는 이미 35만 원은 확보 되어 있으니 c) 40만 원 달라고 제안한다. 라고 하면서 의중을 떠보고 한 푼이라도 더 받으려고 노력하다가 최종에 35만 원에 파는 것이 정도이다.

우연히 알게 된 절세미인의 여인을 알게 되어서 용기를 가지고 데이트 신청을 하여서 운이 좋게도 그 여인이 데이트하겠다고 수락을 하여서 기분이 좋은 상태이다.

그런데 며칠 후에 아주 절친한 친구로부터 전화가 왔다. 그 친구가 말하기를 그 여인과 데이트를 하기로 한 사실을 알고 있다고 하면서 그 여인은 그 친구와 이미 사실상의 애인으로 이미 여행을 가서 함께 잠을 잔 사실도 있는 관계이므로 그 여인과 데이트를 하지 말 것을 요청하는 전화가 온다면 여러분은 어떨 것인가?

a) 그 전화를 받고 미안하다고 사과하면서 그 여인과 데이트를 취소한다.

b) 그 친구에게 어떡해서 그 이유를 알았는지 이유를 물어본다.

c) 그 여인에게 전화해서 그런 일을 친구에게 알리느냐고 항의한다.

d) 그 친구와 전화를 받고 나서 예정대로 그 여인에게 찾아가서 데이트한다.

해설 ≫ 세상에 친구 간에 우정도 없는 것은 예쁜 여자일 것이다. 더군다나 사업도 역시 친구 우정도 둘째고 정당하게 경쟁하는 것이 사업의 세계이다. 그런데 이 문제도 앞에서처럼 절세미인을 일생일대 큰 비즈니스 기회로 생각한다면 그리고 먼저 임자가 즉 거래처가 있는 것을 안 것도 아닌 상태에서 접근하여서 미팅의 연락을 받은 것이기에 예정대로 방문하여서 미팅하고 상대를 비방하는 것이 아니고 나와 거래하면 더 장점이 많다고 설득하는 것이 협상의 전략이다. 계약서에 도장을 찍은 것이 아니면 거래처가 결정된 것이 아니다.

정숙한 여인이 외국여행을 하기 위해서 비행기를 타고 가는데 옆자리에 앉은 어떤 남자가 여행을 마치고 한국에 돌아가서 차 한 잔 하자고 하면서 전화번호를 알려달라고 하는 경우에 어떻게 대응할 것인가?

a) 별로 그럴 생각이 없다고 하면서 거절한다.

b) 내가 먼저 연락을 하겠으니 명함을 달라고 한다.

c) 상대 남자 전화번호를 알려 달라고 한다.

d) 그러세요. 하고 전화번호를 알려준다.

해설 >>> 이런 상황은 여러 가지로 생각해 볼 수 있다. 나름대로 다 의미가 있는 결정이므로 어떤 것이 더 좋은 대처 방법이라고 결론 내리기는 힘이 든다. 그러나 이 상황에서 남자를 바이어라고 생각한다면 바이어가 관심이 있어서 연락처를 달라고 하는데 자신의 간략한 소개와 함께 연락처를 주는 것이 적극적인 협상방법이고 또 실제 남녀 상황이라고 해도 전화번호 하나 주는 것도 좋은 방법이다. 남녀 간에 차 한 잔 마신다고 무슨 일이 벌어지겠는가?

우연히 알게 된 절세미인의 여인을 알게 되어서 용기를 가지고 데이트 신청을 하여서 운이 좋게도 그 여인이 데이트하겠다고 수락을 하여서 기분이 좋은 상태이다.

그런데 며칠 후에 아주 절친한 친구로부터 전화가 왔다. 그 친구가 말하기를 그 여인과 데이트를 하기로 한 사실을 알고 있다고 하면서 그 여인은 그 친구와 이미 사실상의 애인으로 이미 여행을 가서 함께 잠을 잔 사실도 있는 관계이므로 그 여인과 데이트를 하지 말 것을 요청하는 전화가 온다면 여러분은 어떨 것인가?

a) 그 전화를 받고 미안하다고 사과하면서 그 여인과 데이트를 취소한다.

b) 그 친구에게 어떡해서 그 이유를 알았는지 이유를 물어본다.

c) 그 여인에게 전화해서 그런 일을 친구에게 알리느냐고 항의한다.

d) 그 친구와 전화를 받고 나서 예정대로 그 여인에게 찾아가서 데이트 한다.

해설 》》 세상에 친구 간에 우정도 없는 것은 예쁜 여자일 것이다. 더군다나 사업도 역시 친구 우정도 둘째고 정당하게 경쟁하는 것이 사업의 세계이다. 그런데 이 문제도 앞에서처럼 절세미인을 일생일대 큰 비즈니스 기회로 생각한다면 그리고 먼저 임자가 즉 거래처가 있는 것을 안 것도 아닌 상태에서 접근하여서 미팅의 연락을 받은 것이기에 예정대로 방문하여서 미팅하고 상대를 비방하는 것이 아니고 나와 거래하면 더 장점이 많다고 설득하는 것이 협상의 전략이다. 계약서에 도장을 찍은 것이 아니면 거래처가 결정된 것이 아니다.

정숙한 여인이 외국여행을 하기 위해서 비행기를 타고 가는데 옆자리에 앉은 어떤 남자가 여행을 마치고 한국에 돌아가서 차 한 잔 하자고 하면서 전화번호를 알려달라고 하는 경우에 어떻게 대응할 것인가?

a) 별로 그럴 생각이 없다고 하면서 거절한다.

b) 내가 먼저 연락을 하겠으니 명함을 달라고 한다.

c) 상대 남자 전화번호를 알려 달라고 한다.

d) 그러세요. 하고 전화번호를 알려준다.

해설 ≫ 이런 상황은 여러 가지로 생각해 볼 수 있다. 나름대로 다 의미가 있는 결정이므로 어떤 것이 더 좋은 대처 방법이라고 결론 내리기는 힘이 든다. 그러나 이 상황에서 남자를 바이어라고 생각한다면 바이어가 관심이 있어서 연락처를 달라고 하는데 자신의 간략한 소개와 함께 연락처를 주는 것이 적극적인 협상방법이고 또 실제 남녀 상황이라고 해도 전화번호 하나 주는 것도 좋은 방법이다. 남녀 간에 차 한 잔 마신다고 무슨 일이 벌어지겠는가?

4
공항에서 만난 여인

공항에서 비행기를 타려고 하는데 어디로 가는지 알 수 없는 모델처럼 멋진 여인이 비행기를 차려고 있는 모습이 있었다.

여러분은 어떻게 것인가?

a) 참 멋진 여인이구나 하고 하는 생각을 하고 자신이 탈 비행기 게이트 앞으로 간다.

b) 그 여인이 어디로 갈까 하고 생각하면서 어느 게이트로 가는지 관찰한다.

c) 다가가서 어디로 여행하시나요? 하고 질문하면서 말을 건다.

d) 아무런 생각도 안 하고 면세점으로 가서 쇼핑한다.

공항에서 정말로 멋진 여인을 발견하면 아주 묘한 기분이 든다. 어디로 가는지? 가는 행선지도 다르고 비행기 시간도 정해져 있고? 그 여인 따라 갈 수도 없고 다만 같은 비행기를 타고 간다면 작업을 걸 수 있지 않을까?

이 문제의 해답은 다음 글에서 독자분께서 찾아보기 바란다.

공항에서 만난 여인

하늘색 투피스에 늘씬한 큰 키에
볼륨 있는 몸매에
균형미 있는 얼굴 모습에
순하고 때 묻지 않은 얼굴에
매력 있는 두 눈은 남자의 가슴을 녹아내리고
얼핏 보면 영락없는 모델 같은 모습인데
얼굴의 모습은 피곤과 고뇌로 수심이 가득하구나!

무슨 사연이 있을까?
비행기 안에서 만나 사연을 알아보리다.

같은 비행기를 타고 가기 전에
사랑을 느끼도록 이미 첫눈에 나는 반 했었네!

그 여인은 포틀랜드를 거쳐 샌프란시스코로 가는 길이고
나는 포틀랜드를 거쳐 애틀랜타로 가는 길이라

첫눈에 반할 정도의 미인인 이 여인이 애인만 없다면
얼마나 좋을까 하고 설레는 가슴을 감출 수 없었네!

미인은 용감한 자가 구하노라.
이 평범한 진리를 실천하기 위해서
용기를 내어서 다가갔네!
비행기에 탑승해서 저녁식사 후
그 여인을 찾아가보니
마침 그 옆자리에 빈자리라

인사한 후 나란히 앉아서
그 여인을 감상하니
더욱더 아름답고
터질것 같은 몸매와
눈을 어지럽게 만드는
관능미 넘치는 허벅지에
두 눈이 아른거려
두 손으로 껴안아 보고 싶었지만
그럴 수는 없었으며

나의 두 눈은
허벅지에서 그녀의 가슴선을 향해
이미 두 눈은 그녀의 신비한 몸을 가린
모든 천을 벗기고 있었네!

비행시간과 미국에 도착해서 입국수속하면서까지
첫 만남에 길고 긴 대화를 하면서
어느덧 친구가 되어
그 여인의 사연을 들으니

김포공항에서 처음 보았을 때 그 인상 그대로
사연이 있었노라.

회사에 다니던 그 여인은
한국으로 출장 나오던
미국인과 사랑에 빠져서
사랑을 찾아 미국으로 가는 그 여인은

집에서 버림받고 고민 고민하다가
괴로워서 어젯밤에 친구들과 밤새
비행기 티켓을 보며 술을 마시며
사랑을 따르자니 가족과의 결별이요,
가족의 뜻을 따르자니 사랑을 잃는 것이라.

축복받아야 할 결혼을 하러 가는 여인이
세상에 슬프게 울면서 가는 일도 있을까?

나는 위로하며 진심으로 축하 하였네!

그 여인은 어느덧
처음 만난 나에게
인간적으로 깊은 정을 느끼는 눈치였고

나는 그 여인이 그런 상황만 아니었으면
열렬하게 데이트 신청을 하였을 텐데 하는
아쉬움을 남기며 친구의 정을 쌓자고 약속하였네!

몇 년이 지난 지금도 그 여인과
미국 출장길이나 서울에서 전화로 가끔
안부를 서로 주고받는 친구가 되었노라.

그 여인은 고향이 그리우면 맥주를 마시고
미국에서 나에게 전화하여 위로를 구하기도 하였노라.
그런데 그 여인은 가족에게 버림받고 찾아간
그 미국인 남편과 이혼하여

한국인 남편과 재혼한 여인으로
미국에서 행복하게 산다고 하면서
이제는 어느덧 나에게 "종선 씨"가 아니라,
"오빠"라고 부르는 다정한 여동생이 되어 있네!

정말로 사랑이 무엇이기에
국경도 초월하여
한 여인을 드라마보다 더한 드라마의 주인공으로 만들었을까?

이제는 나에게 "오빠"라고 부르는
그 여인을 앞으로도
계속 지켜보며 살아가겠노라.

오늘도 그 여인의 안부를 듣기 위해 미국으로
전화를 걸까 하노라

> ☛ 미국 출장길에 김포공항에서 우연히 만난 한 여인과의 인연을 4년
> 간의 인연을 한 편의 글로 정리하며
>
> 1997년 5월 26일

이 글을 쓴 해 9월에 이 여인이 한국에 와서 필자는 부산
에 가서 그 여인과 저녁식사를 하고 재회를 한 적이 있으며
그때 이 글을 직접 이 여인에게 준 사실이 있고 그 후에 전
화통화도 하였으나 전화번호가 바뀌어서 안타깝게도 연락이
안 되는 상태이다.

이 글에서 키워드는 "미인은 용감한자"가 구하노라 이 대목
이다. 즉 협상은 용기가 필요한 것이다.

한국정부의 협상력이 떨어지는 근본원인은 강대국에 대해
서 우리의 입장을 정확히 밝히지 못하는데서 기인한다. 그러
므로 협상은 강한자에게 더욱더 냉철한 용기를 가지고 임하
는 것이 기본이다.

<h1 style="text-align:center">5
여인의 변심</h1>

오랫동안 만나던 남자가 싫다고는 알 수 없지만 만나던 그 남자보다 더 멋지고 더 좋은 남자가 생겼다. 물론 그 남자와 이미 깊은 사이로 함께 여행도 다니고 약혼은 하지 않았지만, 무언중에 장래를 약속한 사이이다. 이럴 경우는?

a) 미련없이 아주 박절하게 이별을 통보한다.

b) 모든 연락을 끊고 아예 연락을 하지 않는다.

c) 곰곰이 생각해보았지만, 당신은 내 이상형이 아니라고 하면서 거절한다.

d) 내가 당신에게 너무 부족한 여자라고 생각하니 더 좋은 여자 만나기
   를 바란다고 한다.

이 세상에 변하지 않는 것이 별로 없습니다. 또한, 변하지 않는다고 하는 것은 발전이 없는 것으로 변해야 가치가 높아지기도 합니다. 국적, 호적도 변하는 세상에 살고 있는데 아마 법적으로 소속이 변하지 않는 것은 학적인 것 같습니

다. 그런 말을 합니다. 국적과 호적은 변 해도 학적은 변하지 않는다. 그런데 남녀 간 연애라고 하는 것은 크게 보면 인간관계입니다. "피는 물보다 진하다"라는 말이 있습니다. 피보다 더 진한 것은 사랑입니다. 그런데 그런 사랑보다 더 진한 것은 요즈음 세상에 돈인 것도 같습니다. 돈 때문에 수많은 사람이 헤어지고 뭉치고 그러면서 삽니다. 아무튼, 인간관계는 여러 요인에 의해서 만나고 헤어지고 그럽니다. 그런데 연애하면서 남녀 간에도 역시 만나고 헤어집니다. 어젯밤까지 이불 속에서 잠을 자며 굳게굳게 사랑을 약속한 사람이 어느 날 갑자기 헤어지겠다고 하는 통보를 하면 그런 상황을 당하는 사람은 흔히들 배신이라고 합니다. 사람은 누구나 자기가 가장 소중한 존재입니다. 자신의 이익을 우선 따지는 것이 기본이고 자신의 이익에 반하는 것을 배척하는 결정을 하는 것에 대해서 다른 사람은 이해하여야 합니다. 그렇듯 세상에 결혼하고도 여러 가지 이유가 생겨서 이혼이라는 이름으로 합법적으로 헤어지기도 하는데 남녀 간에 연애하는 사이에서 헤어지는 것은 별로 이상한 일도 아닙니다. 그런데 문제는 헤어질 때 헤어지는 방법입니다. 가끔 보면 남녀 간에 헤어지는 일로 인해서 끔찍한 사건이 보도되는 것을 봅니다. 그러기에 헤어질 때는 상대의 가슴을 아프게 하여서는 안 됩니다.

그래서 위의 문제에서 d) 내가 당신에게 너무 부족한 여자라고 생각하니 더 좋은 여자 만나기를 바란다고 한다. 라는 전략으로 상대의 가슴에 상처를 주지 말아야 합니다.

마찬가지로 비즈니스협상에서도 상대의 제안에 대해서도 역시 상대의 단점을 지적하면서 거절하는 것이 아니라 이번 기회에는 우리와는 인연이 아닌듯하다고 하면서 상대방을 격려하면서 다음에 또다시 비즈니스 기회가 있을 때 비즈니스를 다시 할 수 있게 유연한 자세로 재 만남을 시도하고 또 상대가 호감을 가지고 협상을 할 수 있도록 기회를 만들어야 합니다. 협상을 하는데는 상황에 따라서 선택이 달라지므로 다음에 또 어떤 일로 어떤 협상을 하더라도 과거에 헤어질 때 또는 협상이 결렬될 때 서로 간에 서운한 감정으로 인해서 미래로 나아가는데 걸림돌을 만들어서는 안 됩니다.

연애에서나 협상에서 상대를 거절할 때 최대한 예의를 갖추고 상대방보다 내가 더 부족하다고 하는 느낌을 주면서 나중에 다시 만나도 서로 어색하지 않고 또 언젠가는 또다시 무언가를 시작할 수 있는 마음으로 서로 이별을 하는 것이 현명한 이별의 전략입니다.

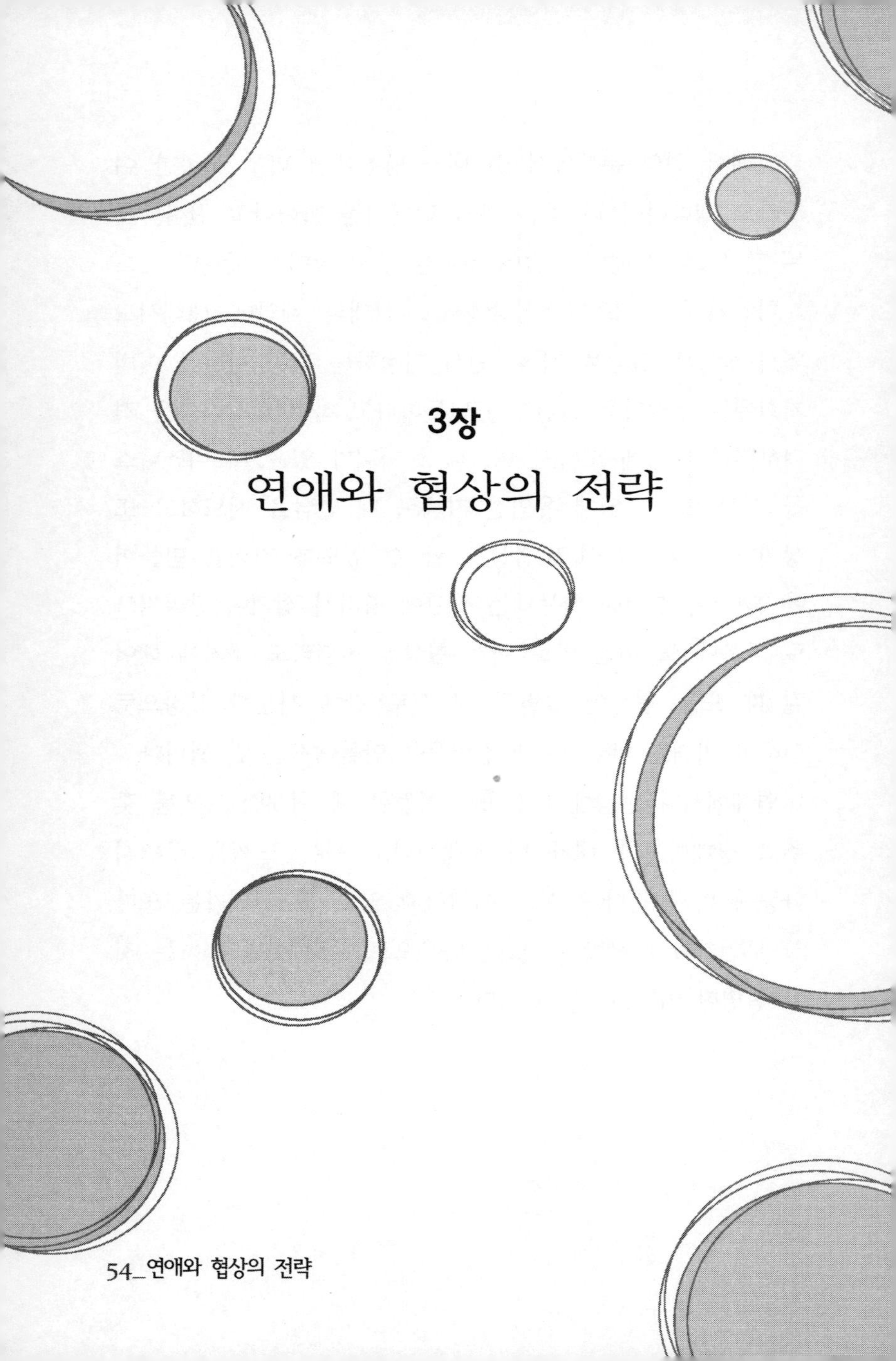

3장
연애와 협상의 전략

1
연애에서 가장 매력 없는 여인

  매력이란 단어는 정말로 많이 사용하고 있고 또 자주 사용하고 있어서 그 정확한 뜻을 점검하지 않고 습관적으로 사용하는 것이 아닌가 생각한다. 그러면 매력이란 단어의 뜻은 무엇일까? 사전적인 의미를 보면 매력이란 "사람의 마음을 사로잡아 끄는 힘"이라고 정의하고 있다.

  연애라고 하는 것은 어떤 공식은 없다. 그러나 가장 기본은 어떤 방법으로든 남녀가 첫 만남을 시작하여야 한다. 그런 첫 만남을 누가 먼저 제안할 것인가? 세상이 남녀가 평등한 세상이지만 남녀평등이라고 해서 남녀의 특성이 무시되는 세상은 아니다. 아마도 세상이 엄청나게 변했어도 남녀의 만남의 동서양을 막론하고 남자가 먼저 여자에게 어떤 방법으로 다가가는 것이 대부분이다. 물론 여자가 남자에게 다가가는 일도 있기는 하다. 물론 이상한 일은 아니다. 다만 현실적으로 가능성이 더 적은 것이다. 어떤 남자가 어떤 여자에게 데이트 신청을 할 경우에 첫 번째 데이트 신청에 "예" 하고 받아들이는 여자가 얼마나 있을까?

거의 다 거절하는 것이 기본이 아닐까? 다른 표현으로 바꾸면 무조건 튕기는 것이 기본이다. 아무리 멋지고 또 내 마음에 드는 남자가 다가온다고 해도 튕기는 것이 기본이고 또 예의가 아닐까? 거리의 여자라도 어떤 남자가 제안을 하면 때로는 조건이 맞지 않으면 거절하고 다른 여자에게로 가보라고 콧대를 높이기도 하는데 선남선녀끼리 데이트 하는데 한두 번 또는 그 이상 거절은 기본이다. 그러므로 연애에서 가장 매력 없는 여인은 아무리 멋진 남자로부터 데이트 신청을 받았어도 거절하지 않고 그 데이트를 수락하는 여인이다. 그렇게 최소한의 거절이라도 하여야 상대남자의 진실성을 간파할 수 있기 때문이다. 튕기는데도 다시 오는 남자가 진실하게 다가오는 것이다. 그러기에 여자가 고등학교 정도 졸업을 하게 되면 어머니는 이제는 다 큰딸을 불러서 연애의 기초의 법칙을 가르쳐야 한다. 요즈음 세상에 몇 시까지 들어와라 하는 통금 시간을 정해주는 것을 아주 전근대적인 방법이다. 오히려 기본 교육을 하는 것이 더 현명한 것이다. 딸을 불러서 교육하기를 얘야 너도 이제 어린 나이가 아니니 너의 행동에 책임을 져야 한다. 그리고 이제 어떤 남자가 데이트 신청을 하여도 최소한 한두 번 거절하고 난 후에 그리고 나서 다시 데이트 신청을 하는 것이 기본이라고 교육해야 하는 것이다. 연애의 1단계는 남자의 데이트 신청을 거절하는 데서 시작하는 것이다. 협상 강의 중에 이런 내용을 강의하면 어떤 아가씨는 웃으며 말하기를 "저는 노처녀라서 이제는 데이트 신청도 안 해오는데 이제 찬밥 더운밥이 어디 있어요. 아무나 데이트 신청을 해오면 응하고 봐야지요." 말하는 일도 있다. 물론 웃자고 하는 이야기가 아닐까?

이런 말을 들으면 할인점에서 영업을 마칠 시간이 되어서 생선이나 채소를 마감세일을 하는 상황이 생각이 난다. 노처녀가 젊은 시절에 잘 나갈 때 자존심을 세우다가 어느 날 백화점에서 옷을 환절기에 계절 세일로 옷을 싸게 팔아치우는 것처럼 노처녀가 허겁지겁 자존심 죽이고 시집가는 일도 세상을 살다 보면 있기도 하다.

2
협상에서 가장 멍청한 협상가

　사람은 누구나 자신의 이해와 관련된 일을 하게 되면 매우 집중력이 높아진다. 그래서 어떤 협상의 성과를 높이는 데는 경쟁을 유도하거나 어떤 시험을 통하는 것이 일반적이다.

　어째서 현대인은 스포츠를 좋아하는가? 그것은 승패를 유도하고 스포츠를 관람하는 사람은 누군가의 편에서 서면 대리만족을 통해서 승패에 대해서 몰입을 하게 되는 것이다. 그리고 어려서부터 시험을 보게 되면 집중하면서 긴장을 하고 또한 상상외로 많은 에너지를 소모하는 것이 일반적이다. 왜 그럴까? 자신의 이해득실이 걸린 일로 인해서 최선을 다하기 때문이다. 앞서서 연애에서 여자가 거절이 기본인 것은 다른 사람들이 보기보다 자신의 연애이고 어찌 보면 일시적으로든 또는 일생의 중대한 결정일 수 있기 때문에 심각하게 생각하고 자신이 심사숙고하는 것이다. 그런데 협상이라고 하는 다소 어려운 것으로 생각되는 단어를 모르는 사람도 단순한 거래에서 어떤 것이 더 이익이고 손해라고 하는 것은 매우 잘 아는 상식이다. 그러기에 어떤 사람도 자신의 신상에 손해나는 일은 하지 않으려고 하는 것은 사람의 본성인 것이다.

그러면 협상의 첫 번째 법칙은 무엇인가? 협상을 하는 사람은 거절을 할 줄 알아야 한다. 앞서 몇 가지 퀴즈풀이에서도 인식하였지만, 상대방으로부터 자신의 생각보다 더 좋은 조건으로 어떤 제안을 받은 경우라도 그 제안을 덜 썩 그대로 수용하는 것은 연애에서 가장 매력 없는 여인인 것처럼 협상에서 가장 바보가 하는 협상가이다.

마치 야구경기에서 타석에서 배트도 휘두르지도 못하고 상대투수의 공 3개에 삼진 아웃되는 것과 같다. 협상은 상대가 있는 고도의 심리게임이다. 그런데 상대방의 제안을 그대로 받아들이는 사람은 글자 그대로 협상가가 아니다. 물론 때로는 상대방의 제안을 받아들여서 다른 협상으로 유도하는 경우도 있는데 원론적으로나 사실적으로 상대방의 제안을 자신의 의견을 표출하지도 못하고 그대로 받아들이는 사람은 세상에서 가장 멍청한 협상가이다. 그러기에 협상의 시작은 거절에서 시작하는 것이다.

그러므로 협상을 진행하면서 상대방으로부터 거절을 받더라도 당연히 예상된 과정이라고 생각하고 그 다음의 자신의 카드로 대응하는 것이 보편적인 협상이다. 운동경기에서 누구라도 득점을 하기가 힘이 드는 것은 상대선수가 자신의 팀을 위해서 나름대로 우리 편이 쉽게 득점하는 것을 방해하는 활동을 하는 것과 같은 것이다.

협상은 상대방이 있는 게임이다. 내 마음대로 되는 것은 아무도 없다. 내 마음대로 된다고 하면 그것은 이미 정상적인 협상이 아니다. 아마도 노사협상의 과정의 언론 보도를 보게 되면 노사가 만나서 상대방의 제안을 첫 번째 만남에서 타결되는 경우는 지극히 없고 매우 옥신각신 하는 과정을 보게 되면 정말로 자신의 이익이 걸린 건에 대해서 무척이나 이해득실의 계산이 바르다는 것을 주목할 것이다.

그러므로 협상의 시작은 거절에서 시작하는 것이며 거절이 협상에서는 매우 자연스러운 일인 것이다. 남자가 여자에게 데이트 신청을 하고 나서 거절당하고 나서 자존심이 상한다고 생각하면 연애의 기본상식이 없는 것처럼 협상에서 자신의 제안이 거절당한다고 감정적으로 나가거나 당황한다면 이 또한 협상의 기본을 모르는 것이다. 협상에서 최소한이라도 자신에게 이익을 실현하게 하는 기본은 상대의 제안을 거절하라. 이것이 기본 공식이다.

3
내 마음대로 안 되는 연애

　사랑이라고 하는 말은 정말로 흔하고 흔하여서 누구나 사랑의 의미를 잘 아는 것 같지만, 거꾸로 사랑의 뜻을 질문받으면 그 뜻을 나름대로 설명하는 사람이 과연 얼마나 될까?

　막연히 좋아한다. 라는 뜻인지? 그런데 사랑의 개념을 찾아보니까 "인간의 근원적인 감정으로 인류에게 보편적이며, 인격적인 교제, 또는 인격 이외의 가치와의 교제를 가능하게 하는 힘." 라고 설명이 되어 있다. 사랑은 순수하다고 하는 개념에서 무언가를 생각해보는 개념이다. 연애라고 하는 것은 이미 이 책의 시작부문에서 필자가 나름대로 설명을 하였다.

　아무튼, 연애나 사랑은 일방적으로는 안 되는 것이다. 순수한 사랑 글쎄 이런 것은 없다. 짝사랑은 할 수 있다. 일방적인 사랑이 다 이루어진다면 얼마나 세상이 혼란스러울 것이다. 균형이 깨지는 것이다. 역설적으로 연애나 사랑은 자신의 뜻대로 안 되는 것이다. 상대가 있고 자신의 마음을 전달하는 과정에서 상대와 양보하고 절충하는 과정이 수반되는 것이다. 그리고 자신의 여러 가지 능력은 상대방이 바라보기는 조건으로 되는 것이다. 결국은 자신의 조건과 상대방과의 조건의 교환이 결국은 연애인 것이다.

가끔은 두 사람이 별로 어울리지 않을 것 같은 커플이 연애하거나 결혼하는 경우도 있는데 이런 경우는 세상을 놀라게 하는 이야깃거리로 언론에 오르내리기도 한다. 물론 이런 것도 다른 사람들이 보기에 다소 파격이라는 개념으로 보겠지만, 당사자들은 어디까지나 합의로 연애하고 결혼하는 것이다. 흔히들 어떤 남자가 좋습니까? 또는 어떤 여자가 좋습니까? 이런 질문을 하는 것은 아주 자연스러운 것이다.

결국은 좀 더 솔직하게 표현하면 어떤 조건을 가진 연애 대상자를 찾는 것이 아니겠는가? 어떤 조건을 가진 사람을 찾는다고 하면 거꾸로 자신은 그런 조건을 가진 상대방에게 반대로 무엇으로 만족하게 할 수 있는지 생각하여 보았는가?

그리고 적당한 조건을 맞춘 두 남녀가 연애를 시작하더라도 자기 마음대로 연애는 진행되는 것이 아니다. 인간이 자신의 마음도 때로는 갈등을 느끼기도 하는데 전혀 다른 사람 그것도 남녀가 어찌해서 생각과 행동이 같을 수 있는가? 당연히 다른 것이다. 연애를 한다고 하는 것은 결국은 자신과 다른 상대방을 인정하고 받아들이면서 서로 합친 행복감을 느껴보려고 하는 것이 아닌가? 그러기에 결국은 양보를 하고 절충을 하고 때로는 자신의 의사를 관철하기 위해서 나름대로 다양한 전략과 기지를 발휘하면서 시간을 가지고 상대방과 즐거운 게임을 하는 것이 아닌가?

연애를 하고자 하면 내 마음대로 안 된다는 것을 인식하고 최대한 자신의 뜻을 절반만 주장하겠다는 자세로 연애에 임하면 성공의 가능성이 매우 크다고 생각한다.

4
내 마음대로 안 되는 협상

　고등학교 다닐 때 여러 과목 중에 여러분은 수학 공부를 열심히 하셨는지요? 수학하면 어렵다고 하는 생각이 듭니다. 아주 복잡하고 난해한 문제가 많습니다. 여러 가지 과정을 거치는 것은 기본이고 공식만 바로 대입하면 해답이 나오지 않기 때문에 여러 가지 복합적인 절차를 거치면서 수학을 푸는 것이 일반적입니다.

　협상은 여러 과목 중에서 수학에 비유하는 것이 적당합니다. 어떤 해답을 알아내려고 복잡한 과정이 요구되고 때로는 해결하는 과정이 다른 방법이 있기도 합니다. 그런데 수학은 혼자서 해결하면 되는데 협상은 자신이 어떤 해결책으로 유도하려고 하여도 협상의 상대방이 내가 제시하는 제안에 대해서 오히려 적극적으로 반대하고 수정을 요구하기도 하고 또한 조건 변경요청을 하기도 하면서 경우에 따라서는 내가 도저히 수용하기 어려운 새로운 조건을 내세우기도 하는 그야말로 스포츠에서 탁구나 테니스나 배구처럼 상대의 빈 곳을 향해서 공격하면 상대방도 끈질기게 따라가서 역으로 우리 편으로 다시 공을 돌려보내는 것과 같아서 내 마음대로 안 됩니다. 연애가 내 마음대로 된다면 1년에도 수많은 애인을 만들 수 있겠지만, 어느 유행가 가사처럼 "마음대로 안 되는 것이 사랑이더라." 하는 대목처럼 "마음대로 안 되는 것이 협상입니다." 이것이 진리입니다. 흔히들 그럽니다. 자녀가 어렸을 때는 귀엽고 예쁘지만 초등학교에 들어가기 시작하면서 아빠 엄마한테 반대하고 자기 마음대로 하려고 하여서 어렵고, 또 그런 말이 있습니다. 자식은 품 안에 있을 때나 자식이다.라고 합니다. 이것의 의미를 보면 자신의 생각을 하기 시작하면 자식도 부모와 다른 생각을 하고 부모와 다른 주장을 하는데 협상은 그야말로 서로 다른 목표가 있는 개인이나 조직이 공식적으로 하는 경우인데 당연히 다른 생각과 목표를 가지고 하기에 정말로 내 마음대로 안 되는 것입니다. 내 마음대로 일사천리로 할 수 있다면 그것은 협상이 아니고 상명하복의 위계질서에서 전달되는 명령하달과 같은 것입니다.

협상은 내 마음대로 안 되는 것을 나의 의도에 가깝게 상대방이 다가오게 하는 복잡한 심리적인 요소가 있는 게임이므로 연애처럼 밀고 당기도 때로는 강하게 주장을 하기도 하고 상대를 존중하면서 상대를 배려하기도 하면서 자신의 주장을 펼쳐나가는 과정이 협상입니다. 그러나 중요한 것은 연애가 남녀가 어떤 공통의 행복을 위해서 노력하는 과정처럼 협상도 역시 쌍방이 서로 득이 되는 공통의 목표가 있어서 그런 목표를 향해서 노력하는 과정입니다. 그러므로 서로 다른 주장을 하고 때로는 자신의 마음대로 안 되기에 어렵고 힘이 들기도 하지만 쌍방이 공통의 목표가 있는 점에 주목하시고 협상에 임할 때는 항상 긍정적인 마음을 가지고 적극적으로 임하여야 합니다.

상대방은 장애물이 아니라 공통의 목표를 실현하게 해주는 대상자라는 생각을 해야 합니다. 결국은 내 마음대로 안 되지만 상대방과 공통의 목표를 이루어 가기 위한 과정을 긍정적으로 수행하는 것이 협상이므로 연애를 하면 남녀가 서로 어느 일방의 생각만으로 둘이서 데이트를 할 수 없듯이 서로 절충하고 보완하며 서로 때로는 화가 날 경우가 있어도 화를 참기도 하고 가끔은 실수를 할 경우에는 상대방에 사과도 해가면서 진행하는 지극히 인간적인 절충의 게임이 협상입니다.

5
연애의 경쟁력

어린 남학생에게 이런 질문을 합니다.

아주 지극히 상식적이고 자주 오가는 이야기입니다. 흔히
들 연애 상대방이 줄로 선다느니 또는 인기가 좋다고 하는
이야기가 있습니다. 그런 인기가 있는 사람들은 정말로 행복
하지 않을까 생각합니다. 그런데 그렇게 인기가 좋은 사람은

무엇 때문에 그렇게 행복할까 하는 생각을 하여야 하는데 아마도 그런 요인은 위의 대화의 맨 나중의 결론에 있는 예쁜 색시하고 결혼해서 행복하게 살려고 합니다. 여기에 연애의 경쟁력과 조건이 대부분 포함하고 있음을 아주 상식적으로 파악할 수 있습니다.

사람은 때로는 속마음과 달리 자신의 마음을 표현하는 것이 실제와 아주 다르게 하는 경우가 매우 많이 있습니다. 어떤 여자가 좋습니까? 이런 질문을 받으면 상당수 남자는 여성적이고 또 내 마음을 편안하게 해주고 등등 빙빙 돌리면서 듣기에 따라서는 애무 애매한 답변을 하는 경우가 상당히 많습니다. 다시 말해서 솔직하지 못한 표현을 하는 경우가 많이 있습니다. 대부분의 남자는 예쁜 여자를 좋아합니다. 이것은 인간의 본성입니다. 여자도 예쁜 연예인을 좋아하는데 더군다나 남자가 예쁜 여자를 싫어할 가능성은 매우 낮은 것이 사실입니다.

그리고 흔히들 속으로는 예쁜 여자를 좋아하면서도 겉으로는 얼굴보다 마음이 중요하다고 하는 가식적인 답변을 하는 사람들도 많이 있고 또 실질적으로 그런 남자도 있습니다. 그러나 이런 말이 있습니다. 이왕이면 다홍치마이고 비즈니스에서 현실적으로 똑같은 성능의 제품이지만 보이는 외관의 디자인에 따라서 제품의 가격이 달라지고 또 상품의 포장에 따라서 가격도 역시 틀립니다. 세계 각국의 무역전쟁에서 이제는 디자인이 제품의 경쟁력의 주요한 요소이다. 라고 하는 것만 보아도 보이는 아름다움의 중요성은 다시 말할 필요가 없을 정도입니다. 이렇듯이 무생물인 제품도 아름다움을 따지는데 만물의 영장인 인간의 아름다움 특히나 여자의 아름다움은 인생의 경쟁력의 절대요소라고 하여도 정답입니다.

백화점에 가면 화장품, 의류, 구두, 가방, 등등 상당수가 남녀의 멋을 내는 데 필요한 제품임을 알 수 있습니다. 결론은 남녀의 연애 경쟁력은 남자는 능력이고 여자는 미모가 우선입니다. 이 말에 필자가 여자의 미모지상주의에 빠져 있다고 공격도 하시겠지만, 이 평범한 진리는 해가 동쪽에서 뜨는 것이 불변의 진리이듯 우주가 존재하는 한 절대 진리입니다.

반대로 어째서 공부를 많이 하여도 똑똑한 여자보다도 흔히 말하는 미녀군단에 있는 여인들이 잘 나가는 남자들에게 시집가는 일이 많은 것은 어떤 일인까요? 역으로 남자도 예쁘고 멋진 여인과 연애하고 싶으면 남자로서의 능력을 높이는 노력을 열심히 하는 것이 우선입니다. 연애는 연애 기술만 터득한다고 잘하고 더 멋진 상대방을 만나는 것이 아니고 우선은 연애를 잘 할 수 있는 경쟁력을 키우는 것이 기본적으로 연애의 경쟁력은 개개인 각자의 능력을 키우는 것이 우선임을 깨달아야 한다. 물론 선천적으로 좋은 환경에서 태어나서 자신의 의지와는 상관없이 천부적으로 혜택을 받은 것도 역시 하나의 능력임을 인정해야 한다. 그런 맥락에서 보면 여인의 미모는 후천적인 요소보다는 선천적으로 타고난 요인이 더 크게 좌우되는 면이 있는 것이 사실이고 보면 여인들은 자신의 미모에 대해서 부모의 책임을 탓할 수 있으나 그러나 부모와 자식은 천륜의 인연으로 끊을래야 끊을수 없는 인연인데 자신의 존재를 태어나게 한 부모를 어찌 원망하겠는가? 미모를 타고나지 못하여도 미모가 아닌 다른 요소를 개개인이 노력하여서 더욱더 매력적인 요소를 갖추는 것이 중요한 요소임을 인식하고 노력하여야 한다.

　남자는 여자에게 여자는 남자에게 더욱더 매력적인 요소를 제공하는 요인을 많이 가진 사람들이 더욱더 경쟁력이 있는 것이다.

　가끔은 가짜 박사, 변호사, 의사, 등등의 사기꾼들에 의해서 적지 않은 여인들이 농락당하는 사건이 터지는 것을 보고는 여인들의 허영심과 자신의 수준보다 과한 신데렐라의 꿈을 꾸는 일로 인해서 자업자득으로 당하는 사건을 보고 묘한 느낌이 드는 것이다.

다시 말해서 경쟁력 있는 남녀는 연애의 대상자가 줄을 서고 있다는 것이다.

결론적으로 남녀 모두 연애의 경쟁력 있는 사람이 되려면 각자의 매력이 남과는 다르게 뛰어난 사람으로 발전시키지 위해서 늘 공부하고 연구하고 노력하여야 한다.

멋진 남녀에게는 이에 걸 맞는 연애 대상자가 달려드는 것은 아름답고 향기나는 꽃에는 언제나 벌과 나비가 날아드는 것과 같은 이치이다.

6
협상의 경쟁력

　많은 스포츠 종목 중에서 축구가 가장 인기가 있는 스포츠임이 분명하다. 그러기에 각나라는 외국의 유명한 축구 선수를 자신의 클럽팀으로 스카우트하여서 좋은 성적을 내려고 하는 것이다. 그런데 한국 축구선수 중에 외국에 나가서 멋진 활약을 하는 선수는 몇 명 안 되는 것이 현실이다. 그리고 외국에서 한국축구선수들을 적극적으로 스카우트하려고 하는 움직임도 없다. 이유는 간단하다. 한국 축구선수들의 실력이 부족하기 때문이다. 야구도 역시 일본선수들은 미국 메이저 리그에서 엄청난 돈을 들여가며 스카우트하는데 비해서 한국선수들은 메이저리그에서 탈락하고 한국으로 돌아오는 형국이다. 역시 실력문제이다. 아예 실력 부족으로 인해서 외국팀과 협상의 대상자 명단에도 오르지 못하는 것이기 때문이다. 여러 학문 중에 경제학을 공부하려면 기본과정인 경제학 원론의 맨 앞에 나오는 것이 수요공급의 법칙이 있다. 수요가 없는데 공급은 아무런 의미가 없는 것이다. 흔히들 협상이라고 하면 말재주를 가지고 협상을 결정하고 말만 잘하면 협상을 자신에게 유리하게 전개하는 것으로 착각하고 협상 전략만 공부하면 협상을 잘 할 것으로 오해하는 경우도 있지만, 현실은 그렇지 않은 것이다. 앞서 연애의 경쟁력에서도 보듯이 기본적으로 여자는 미모가 받쳐주어야 하고 남자는 능력의 바탕이 있어야 연애의 경쟁력이 잇듯이 협상도 역시 마찬가지로 자신의 능력이 있어야 협상력의 경쟁력이 기본적으로 확보되는 것이다. 기본적인 능력이 없는 사람이나 조직과는 그에 걸맞은 협상 대상자가 나타나지 않은 것이 냉엄한 협상의 현실 논리이다.

그러기에 협상력에 경쟁력을 확보하려면 개인이나 조직은 각각의 장기적인 목표를 가지고 협상력을 길러야 한다. 야구에서 5승 투수, 10승 투수, 15승 투수, 20승 투수가 당연히 다른 조건을 가지고 협상 선에서 출발하는 것이 지극히 당연한 일이다. 상품도 경쟁력이 있는 최신의 최첨단의 제품을 가진 자는 돈을 더 많이 달라고 하지 않아도 사는 사람들이 먼저 알아서 제품의 가격을 높은 가격으로 사가겠다고 하는 상황에서 협상이 출발하는 것이 당연하다.

개인도 취업하려고 면접을 보면 능력이 뛰어난 사람은 여러곳에 입사를 제안하여서 연봉협상에서도 회사보다 더 유리한 입장에서 협상력의 우선권을 선점하여서 협상능력이 있는 것이다. 그러나 그렇지 못하고 다수의 엇비슷한 상황에서는 서로 선택을 할 수 있는 상황에서는 자연히 협상 능력이 앞서의 사례에서보다 부족한 것이 사실이다. 협상에서 로또 당첨되는 식으로 일확천금의 이득을 가져오는 협상사례는 별로 없다. 협상이라고 하는 것은 기본적으로 현실의 상황과 능력을 바탕으로 이루어지는 것이다. 그러므로 협상능력은 꾸준히 길러야 한다.

협상력은 비즈니스가 아니더라도 수요공급의 법칙이 작동되고 있음을 항상 인식하고 있어야 한다. 그래서 자신이 어느 위치에 있는지 깨닫고 어느 정도 선에서 상대방과 협상을 하는 것이 현명한가를 돌아보면서 협상에 임해야 한다.

아무리 사랑스러운 부인이라고 할지라도 어느 겨울날에 갑자기 말하기를

"여보! 오늘 백화점에서 모피 세일을 시작하니까 오늘 당장 오백만 원짜리 밍크코트 한 개 사주세요."

이런 이야기 들으면 남편들은 어떤 반응을 할까?

아마도 십중팔구는 단호하게 거절할 것이다.

아무리 세상에 둘도 없는 부인이라고 할지라도 현실적으로 능력이 안 되는 상황에서는 처음부터 아예 응할 수 없는 제안은 단호하게 거절할 것이다.

물론 이런 상황에서 거절하는 기법은 좀 더 연구하여야 할 것이다.

역으로 용돈을 부인으로부터 타 쓰는 남편은 부인에게 이런 제안을 하면 어떨 것인가?

"여보! 오늘 그동안 신세를 진 친구들을 불러서 술 한 잔을 근사하게 사려고 하는데 기왕이면 강남의 멋진 룸살롱에 가서 이백만 원어치 술 한 잔 사려고 하니까 이해해줘."

이런 말을 듣고 쉽게 동의해줄 부인이 과연 얼마나 될까?

아마도 이 역시 십중팔구 일언지하에 거절 정도가 아니라 부부싸움이 시작될 것이다.

이런 것도 거의 다 협상의 대상이 되는 것이 아니다. 위의 밍크코트 건이나 룸살롱 건이나 모두 능력이 없는 당사자로서는 부부끼리 협상의 대상자는 아니고 이런 것을 추진할 수 있는 좀 더 능력이 있는 부부끼리 가능한 상황이다.

어떤 경제학 박사가 말하기를 대기업에 근무하면서 외국과 각종 국제 비즈니스협상을 추진하면서 상당히 업무를 원활하게 추진하고 그래서 회사로부터 능력을 인정을 받으면서 일을 하다가 대기업을 나와서 자신이 홀로 서기를 하면서 외국과 비즈니스 협상을 하여보니까 여러 가지로 애로사항이 많은 국면에 봉착한다고 하는 말을 하는 것을 들은 적이 있다.

똑같은 사람이 협상하는데도 어째서 이런 결과가 나오는 것일까?

바로 대기업을 등에 업고 하는 것과 자신이 홀로 하는 것과는 협상력이 엄청난 차이가 있는 것이다. 그래서 대기업이나 정부 등의 큰 조직에서 일하는 사람들은 그런 큰 조직의 후광을 가지고 일하는 것을 자신의 개인 능력으로 착각하는 경우가 상당히 많은 것인데 개인의 능력을 수반해서 일하고 각종 협상하는 능력이 개인이나 작은 조직의 협상력과는 매우 다른 것이다.

어째서 미국이 협상을 잘하는 것인가?

이런 질문에는 두 가지로 간단히 요약된다.

첫째는 미국이 초강대국이라서 우월적인 위치에 있기에 이미 협상 능력이 다른 나라보다 앞서고 있고 또한 미국은 협상을 고도로 연구하고 공부하여서 협상 기술 자체도 다른 나라보다 앞서가기 때문이다.

그런가 하면 한국은 어째서 협상능력이 다른 나라에 비해 현저하게 뒤떨어진다고 하는 평가가 나오는가?

미국이나 일본 등 강대국에 비해서 국력이 뒤 떨어져서 힘이 차이가 나기도 하고 아울러 협상에 대한 기술도 부족하고 협상공부를 안 하는 풍토에서 협상 전문가도 부족한 현실로 인해서 한국인 협상력이 부족한 국가로 인식되는 것이다.

그러나 이제는 한국도 국력도 발전하고 또한 협상에 대한 연구와 전문인력이 배출되기 시작하여서 과거처럼 아주 협상력이 낙후란 국가는 아니라고 필자는 평가하고 있다.

최근에 있었던 한미 FTA협상에서 보더라도 한국은 협상력이 크게 향상이 된 것을 알 수 있는 것이다. 이번 한미 FTA협상은 대한민국정부 수립 이후에 국가 차원에서 아주 잘된 협상의 사례로 평가할 수 있는 것이다.

이런 여러 가지 사례를 종합하여 보아서 정리되듯이 협상력은 개인이나 조직의 실력을 향상시키는 것이 기본이다. 기업은 보다 차별화된 신제품 개발을 하고 개인도 다른 사람과는 다른 뛰어난 능력을 함양한다면 협상능력은 이에 비례하여서 자연스럽게 향상되는 것이다.

그러므로 개인이나 조직은 발전을 위해서 항상 연구하고 노력하면 공부하는 것을 게을리 하여서는 안 되는 것이다.

그러나 2008년 4월에 있었던 미국과의 쇠고기 협상은 아쉬운 협상이다. 근본원인은 협상의 기본을 망각한 주고받기의 부족과 저자세적인 협상태도가 핵심이다.

국가 간의 협상은 순진한 협상이 아니라 좀 더 영악한 협상이 필요한 것이다.

핵심포인트

☆ 협상에서 개인과 조직의 능력구분
☆ 수요공급의 법칙의 원리 파악
☆ 경쟁사와 차별화 전략
☆ 항상 연구하고 노력하여야

7
여인

남자가 여인에게 다가가기 위해서는 여인을 알아야 한다. 그리고 비즈니스를 하는 목적은 돈을 벌려고 하는 것 다른 말로 고상하게 표현하면 수익을 창출하기 위한 것이다.

남자가 왜 연애를 하려고 하는가?

결론은 간단한 것이다. 여인을 품으려고 하는 것이다. 사랑이 어쩌고 또 등등 정신적인 교감이 어쩌고 하여도 결국은 여인을 품으려고 하는 것이다.

아래 글은 필자가 1997년 5월에 여인에 대해서 정리한 글이다.

이 글을 통해서 여인과 연애 그리고 남자는 여인을 왜 구하는지 생각해보고 또한 여자분들도 남자는 왜 여인을 구하는지 알아야 연애에 남자에 대한 대응력이 생길 것으로 생각된다.

여인

여인이란 여성과 다른 존재이며
여인이란 여자와도 다른 형체이며
여인이란 뜻과 반대되는 단어가 없노라.

여성의 반대는 남성이며
여자의 건너편은 남자이지만
여인의 대칭은 우주 안에 존재하지 않노라.

신비한 존재인
그 자체의 여인이 있기에
사랑이 온누리에 퍼져 있으며
사랑이 존재하기에 남자도 있으며

그러므로
인류의 역사가 진행되었으며
앞으로 영원히 인류가 이어져 가리라

여인은 사랑과 아름다움, 신비와 생명을 노래하며
여인은 분노, 슬픔, 질투, 환희, 배신을 나타내며
여인은 휴식, 기다림, 인내, 기쁨, 성취를 뜻하노라.

세상을 휘어잡던 그 어떤
군주
황제
장수
학자
예술가들도

모두 어떤 여인의
사랑을 얻기 위해
살아가고, 목숨도 걸었노라.

또한, 연약하고 보잘 것 없던
어떤 사내들도
여인의 격려와 사랑이 있으면
자신도 몰랐던
놀라운 힘을 발휘하였노라.

여인은 남자가 세상에 태어난 이유를 진정으로 깨우치게 하는
고귀하고
황홀하고
신비한 존재로서

가끔씩 내뿜는
요염한 기운이
남자에게 입혀져

남자가 남자로서 느끼게 하는 마력이 있으며
남자에게 인생에서 최고의 즐거움을 주기도 하며
또한
남자에게 가장 크게 가슴의 상처를 주기도 하는
이상야릇하며 요사스러운 존재이니라

남자가 여인에 너무 심취하면
남자의 기가 모두 날아가므로
남자는 여인을 너무 탐닉해서는 아니되고
그렇다고

여인을 너무 멀리하거나 아예 여인과 떨어져 있으면
남자에게 새로운 기가 들어오지 아니하므로
적막하고 외롭고 고통스러운 사막 길을
오아시스 없이 홀로 가는 것과 같으니라.

정말로 여인이란 존재는
일생을 두고두고
생각하고 곰곰이 따져보아도

알 수 없고
알아지지도 아니하고
알 필요도 없는

신의 존재를 인정하듯
여인은 아무런 인간적인 관념 없이
여인으로 인정해야 하는

요상야릇하고 신비하며
도저히 인간의 지혜로 풀 수 없는
기기묘묘하며 경외스러운
신과 같기도 하며

허망한 신기루 같기도 한
우주의 수수께끼와
같은 존재이니라.

1997년 5월 18일

8
돈

　앞의 글의 여인에서 여인이란 단어 대신에 독자분들이 돈으로 바꾸어서 적당히 돈의 의미를 파악하는 글로 바꾸어 보면 어떨까 하고 제안해본다. 아마 재미있는 글이 등장하리라고 생각한다.

　우리가 왜 협상을 하는 것일까? 앞서도 설명하였지만, 협상 당사자들의 이해득실이 걸려 있고 당사자의 이익을 추구하기 위해서 협상을 하는 것이다. 어떠한 이득을 객관화된 수치로 표기하는 것이 경제적 가치의 단위인 화폐인 돈이다. 물질 만능주의가 어쩌고 하면서 비판을 한다 해도 자본주의 사회에서 돈의 중요성은 강조할 필요가 없다. 심지어 공산주의 국가에서도 돈을 더 벌려고 여러 가지 노력을 하는 것이다. 솔직히 열 명의 여인을 싫어하는 사람이 없듯이 돈 많이 버는 것을 마다해 하지 않은 사람은 지구 상에 별로 없을 것이다. 대한민국은 일부일처제 국가이다. 그런데 일부일처라고 하여서 꼭 한 명의 여인과 연애하라고 하는 법은 없다. 일부일처는 법적으로 호적상에 부인을 규정한 것이다. 혼외 자식으로 다른 여인으로부터 얻은 자식을 자기 호적에 입적시켜서 양육시킨 가족도 역시 엄연히 있고 이름만 대면 알 만한 유명인사도 이런 일이 있는 것이 현실이다. 이런 것은 불법으로 법을 어긴 자식이지만 인간의 존엄성으로 인해서 이렇게 탄생한 인간도 인간으로 존중되고 법으로 보호하여야 한다. 그런데 법을 지키면서 돈을 버는 것은 존중받아야 마땅하지만, 탈법적이고 정상이 아닌 방법으로 돈을 버는 행위는 엄격하게 지탄받아서 마땅한 것이다.

협상을 통해서 이득을 더 획득하기 위해서 즉 돈을 더 많이 벌기 위해서 협상을 추진한다고 하는 것이다. 협상의 결과는 돈으로 나타나는 것이다. 남자가 인생에서 성공하면 더 멋진 여인과 연애를 할 수 있듯이 비즈니스에서 성공하면 돈을 많이 버는 것이다. 그러기에 돈과 여인은 성공의 대가로 상징될 수 있다고 하여도 과언이 아니다. 이 책 독자 중에 여자분들은 아주 불쾌하게 생각할 수 있지만, 거꾸로 여인들도 마찬가지이다. 여자가 성공하면 멋진 남자를 신랑으로 만나서 행복하게 풍요롭게 잘 살 수 있지 않은가? 솔직히 대한민국 남자처럼 부인에게 잘하는 남자는 전 세계 도처에 어디에도 없다. 이 말에 여자 분들이 반발이 있으리라고 생각한다. 그러나 냉정히 생각해보라. 도대체 어느 나라 남편들이 한 달간 열심히 일해서 탄 월급을 송두리째 부인에게 갖다 바치는 나라가 어디에 있는가? 한마디로 한국의 부인들은 남편들로부터 초특급 대우를 받고 있는 것이다. 그리고 자신이 일해서 탄 월급을 부인에게 갖다 바치고 용돈을 부인으로부터 타다 쓰는 한국 남편들은 정말로 애처로운 경우도 있는 것이다. 이런 돈을 더 많이 획득하기 위한 과정 중에 협상이 있는 것이다. 협상의 결과는 결국은 돈으로 환산되는 것이다. 돈은 매우 겁이 많아서 돈으로 투자되어서 그 가치가 더 확대되지 않을 경우는 잘 나타나지 않는 것이다. 이런 특성이 있는 돈을 더 많이 획득하기 위해서 다양한 여러 가지 경제 행위를 하는 것이다. 경제 행위를 하면서 어떤 결론을 내리기 위해서는 최종단계에는 결국은 협상을 통해서 결론을 내리는 것이다. 그러기에 협상은 중요한 것이며 협상을 효율적으로 하여야 하는 이유가 있는 것이다.

협상을 왜 하는가? 어렵게 생각할 필요가 없는 것이다. 당사자가 더 많은 돈을 벌고 자신에게 더 큰 이득을 획득하려고 하는 것이다.

멋진 여인과 돈은 인생의 성공 대가로 돌아오는 것이다. 멋진 여인과 돈을 거부한다면 그리 열심히 노력하여서 살 필요도 없다.

여인들에게는 멋진 남자와 역시 스스로 돈을 많이 벌거나 돈 잘 버는 남자를 만나서 멋지게 사는 것이다.

여자는 평생 경제활동을 하지 않고 사는 경우도 있기 때문에 여자는 연애를 성공으로 이끌어서 돈을 잘버는 남자를 만나는 연애를 하여서 일석이조의 전략으로 연애전략으로 인생이 성공으로 가느냐 실패로 가느냐 하는 갈림길이다. 여자팔자는 뒤웅박 팔자라고 하였다. 이는 한국만 그러는 것이 아니라 어느 나라도 마찬가지이다. 남편이 사장이면 사장부인이 되는 것이다. 남편이 예술가이면 예술가 부인이 되는 것이다.

그러기에 여자에게는 연애는 인생과 돈과 운명이 걸린 일생일대의 비즈니스 협상인 것이다. 그러므로 여자는 연애와 협상에 인생을 걸만한 가치가 있는 것이다.

여자는 동산인가 부동산인가?

　　동산(動産)은 무엇이고 부동산(不動産)은 무엇인가? 이 개념 조차도 잘 파악하지 못하고 있는 사람들도 정말로 많이 있을 것이다. 동(動)이라는 단어는 "움직이다"라는 의미로 동산은 움직이는 재산이고 그러면 부동산은 움직이지 못하는 재산이라고 우선 정의하기 쉽다. 한국은 한마디로 부동산 투기 공화국이다. 정말로 바람직하지 못한 경향이다. 한국은 정말로 부동산에 거품이 너무나 끼어 있어서 정말로 아파트 한채에 수십억씩 하는 상황인데 정말로 그런 가치가 있는지 도무지 이해를 못 할 상황이다. 경제에 도움이 되지 못하는 상황으로 흐르는 한국의 부동산 광풍은 언젠가는 바로 잡히기를 기대한다. 영어로 동산은 movable property 또는 personal estate이고 부동산은 real estate 또는 immovable property 로 표현한다. 그러니까 땅과 건물 등은 위의 영어나 한자의 의미로 보아서 움직일 수 없는 재산이므로 부동산이 확실하다. 그러면 자동차는 동산인가 부동산인가? 자동차는 사람이 움직여서 가져갈 수 있기에 위의 사전적인 의미로 보면 분명히 동산이다. 그런데 아니다. 동산이 아니라는 뜻이다. 어? 이상하지 않은가? 자동차, 선박, 비행기, 이 모두 부동산이지 동산이 아니다. 동산과 부동산의 의미는 법으로 공부하여야 한다. 즉 동산과 부동산은 움직이는가? 움직이지 못하는가? 차이로 구분하는 것이 아니고 소유권 이전의 방법으로 그 차이를 구분하는 것이다. 물건의 대가를 지급하고 단순히 물건을 인도하는 것으로 소유권이 바뀌는 것은 동산이다. 그러나 돈을 지급하고 그 소유권을 국가기관에 등록으로 소유권을 등록하여야 소유권이 인정되는 것은 부동산이다. 그러기에 건물이나 토지는 당연히 등록하기에 부동산이다. 소유권 등록하면서 등록세가 부과되는 것이다. 자동차, 선박, 비행기 등도 마찬가지로 대금을 지급하고 그 소유권을 국가기관에 등록하여야 소유권이 완전히 등록되는 것이다. 그런 개념에서 보면 고가의 전자제품인 카메라, 컴퓨터, 오디오 등은 제품을 사고서 그 제품을 판매회사에 제품번호를 등록하는 제도를 보면 준 부동산에 해당이 된다고 보여진다. 그런 물건을 도둑이 훔쳐가도 언젠가는 그 소유주가 판매회사에 등록되어 있으므로 꼬리가 길어서 잡히는 경우도 있다. 아무튼, 많은 제품이 돈을 주고 나서 그 물건을 가지고 오면 되는 것으로 바로 동산인 것이다. 돈과 제품을 바꾸면 되는 것이 동산이다. 그런데 여자는 동산인가? 부동산인가? 정말로 이 말에 여자 독자분들 행여나 흥분하지 마시기 바란다. 필자 역시 여자를 어떤 상품으로 취급하는 것은 절대로 아니다. 다만, 연애와 협상에서 공부를 하기 위한 사례이므로 좀 더 차근히 읽어보시기 바란다.

여자와 연애하여서 함께 아무리 다녀도 내 여자라고 할 수 없다. 설령 결혼 전에 수많은 날을 함께 보내고 열 번 백 번 함께 잠을 잤어도 내 여자는 아니다. 남자도 마찬가지다. 여자가 남자와 아무리 개인적으로 깊은 관계에 있어도 그 남자는 내 남자가 아니다.

남자와 여자의 연애 상태는 아무런 부담 없이 다른 남자 다른 여자 품으로 갈 수 있으며 그렇게 간다 해도 법적으로 어떠한 항변을 할 수 없는 것이며 어떤 보호를 받을 수 없다. 그러기에 내 남자 내 여자라고 국가기관에 등록하는 것은 바로 한국은 일부일처제 법률에 입각해서 법률혼제도이다. 결혼하고 한 남자와 한 여자가 부부라고 등록을 하는데 한국에서 여자는 대부분 남자의 집안의 호적에 올린다. 그런데 요사이 법률이 바뀌어서 남자가 여자집안으로 호적을 옮기기도 하는데 사실은 그럴 가능성은 별로 없다.

그러기에 여자는 부동산(不動産)이다.

부동산으로 등록되면 함부로 소유권이전이 되기 힘이 드

는 것이다. 쌍방이 합의해서 국가기관 즉 재판부가 이혼을 결정하는 판결이 나와야 부부는 헤어지는 것이다. 법적으로 헤어져야 다른 남자 다른 여자를 만나는 것이다. 새로운 인생의 반려자를 만나는 것이다. 그러므로 연애로 인해서 내 남자 내 여자로 소유권을 주장하고 싶으면 부동산 등록하듯이 혼인신고를 하는 것이다.

10
협상은 부동산이다

　　한국인의 단점 중 하나가 기록을 하지 않는 것이다. 이에 비교하여서 일본사람들은 기록에 아주 철저하다고 한다. 협상에서 주요한 요소 중 하나가 기록이다. 어렵게 생각하지 말고 상대방과 업무를 하면서 업무 노트에 자유롭게 기록하는 점만 습관이 되어도 아주 좋은 것이다. 그런데 한국인들은 이런 말을 한다. 그래 알아들었어. 그렇게 하도록 하지. 정말로 애매모호한 표현이다. 연애에서 베개 밑에서 남녀가 아무리 정을 주고받아도 허망하게 떠나면 다 끝이 아닌가?

　　정말로 남녀 간에 정을 주고받은 것을 영상으로 기록한 일로 인해서 잘 나가던 예쁜 여자 연예인이 치명타를 얻어맞고 숨어 지내다가 오랜 시간이 지나서 컴백하는 사건도 있는데 정말로 치졸한 사건이다. 아무튼, 이런 사건은 물증이 있기에 이런 사건이 있는 것이다. 이런 사건을 보고 돌을 던지는 사람들은 정말로 돌을 던질 자격이 있는지? 성경 말씀에 예수님이 누구든지 저 여인에게 돌을 던질 자 있으면 던져보라고 한 구절이 있다. 이런 사례는 역설적으로 증거의 위력을 강조하는 사례이다. 협상을 하여서 서로가 구두로 약속하고 합의한 후에 이런 과정의 결과를 서로가 문서로써 기록하는 것이 매우 중요하다. 크게 보면 계약서라고 하는 것이다.

협상의 결과를 나중에 협상 당사자뿐만 아니라 다른 사람들도 인정하고 특히나 협상의 결과를 바탕으로 쌍방이 업무를 추진하다가 서로 갈등이 생기거나 문제가 생기는 경우에는 쌍방의 일방적인 주장은 인정되지 않고 바로 계약서에 근거해서 판단을 내리고 최종적으로 법률문제로 발전하여서 그 다툼이 있을 경우에는 결국은 재판부는 계약서에 근거하여서 최종판단을 내리기 때문에 협상의 결과를 문서로 등록하는 것이므로 결국은 이해하기 쉽게 말해서 협상은 부동산인 것이다.

그러므로 부동산의 재산을 각종 문서로 국가기관에 등록되는 경우에 문서의 조항을 잘 살피고 또한 부동산거래과정에서 합의한 조건이 잘 나타나 있는지 점검하고 등록을 확인하는 것처럼 협상도 최종 타결을 지을 때는 꼼꼼히 확인 작업을 해야 한다. 그리고 혹시나 나중에 쌍방 간에 어떤 조항을 두고 이중적인 해석이 생기는 경우가 없는지도 확인 작업을 해야 한다. 외국의 사례에서 보더라도 영어를 쓰는 나라에서 계약서에서 영어단어 문구 하나 때문에 서로 다른 의미로 주장하다가 서로 합의점을 찾지 못하여서 결국은 재판까지 가

서 최종에는 어느 일방이 패소하여서 엄청난 금액의 손실을
상대방에게 지급하는 사례도 있었다. 그러므로 모든 협상은
부동산이라는 생각으로 합의 결과를 쌍방이 납득할 수 있는
문구로 정리하는 자세를 가지고 협상을 하는 것이다. 거창하
게 생각하지 않더라도 우리가 식당에서 음식을 먹고 나면 계
산서를 지급하는 경우에 어떤 음식을 얼마나 먹었는지를 명
세표를 보고 확인하고 신용카드로 지급하고 서명을 하는 것
역시 서로가 확인하는 증빙 서류로 보관하는 것이다.

간단히 계약서에 대해서 몇 가지 점을 관찰할 필요가 있
는 것이다.

① 계약이란 관계당사자 합의에 의해서 발생하는 법적인 권
리의무관계를 규정하면서 당사자의 원만한 합의가 이루
어지면 계약은 완전히 유효하게 성립하는 것이며 구두이
거나 문서에 의하거나 권리, 의무에 관한 의사가 합치된
확인이면 충분하다. 그러나 구두로 계약한 것도 계약이
지만 나중을 대비해서 항상 문서로 작성하는 것이 중요
한 것이다.

② 한국사람은 서면작성을 싫어하는 풍습이 있는데 협상을
하는 데는 내국인끼리도 심지어 부모형제끼리도 문서를
작성하는 습관을 가져야 하면 특히나 외국인들은 철저하
게 계약서를 작성하는 습관이 있다. 그러므로 외국과의
비즈니스를 하는 경우에는 늘 영문 계약서를 철저하게
검토하고 작성하는 것에 대비하여야 한다.

③ 계약서야말로 당사자의 권리와 의무를 결정하는 열쇠이
   므로 계약서 작성 시 신중한 태도가 요구된다. 최종적으
   로 계약서 이외의 것은 증거능력이 없으므로 계약서에
   중요한 사항은 상세히 기술할 필요가 있다.

핵심포인트

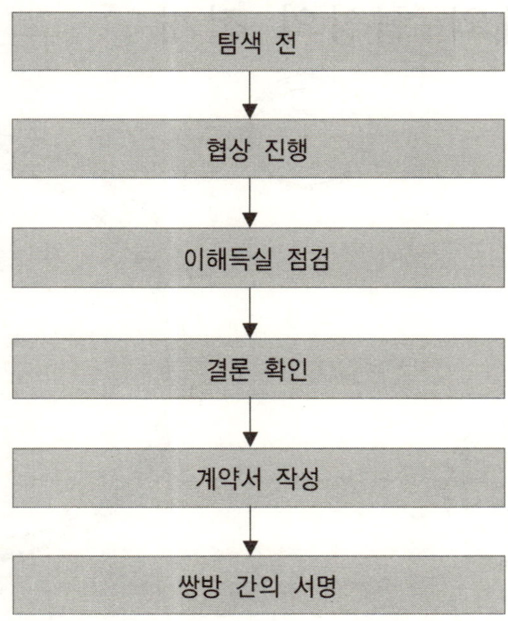

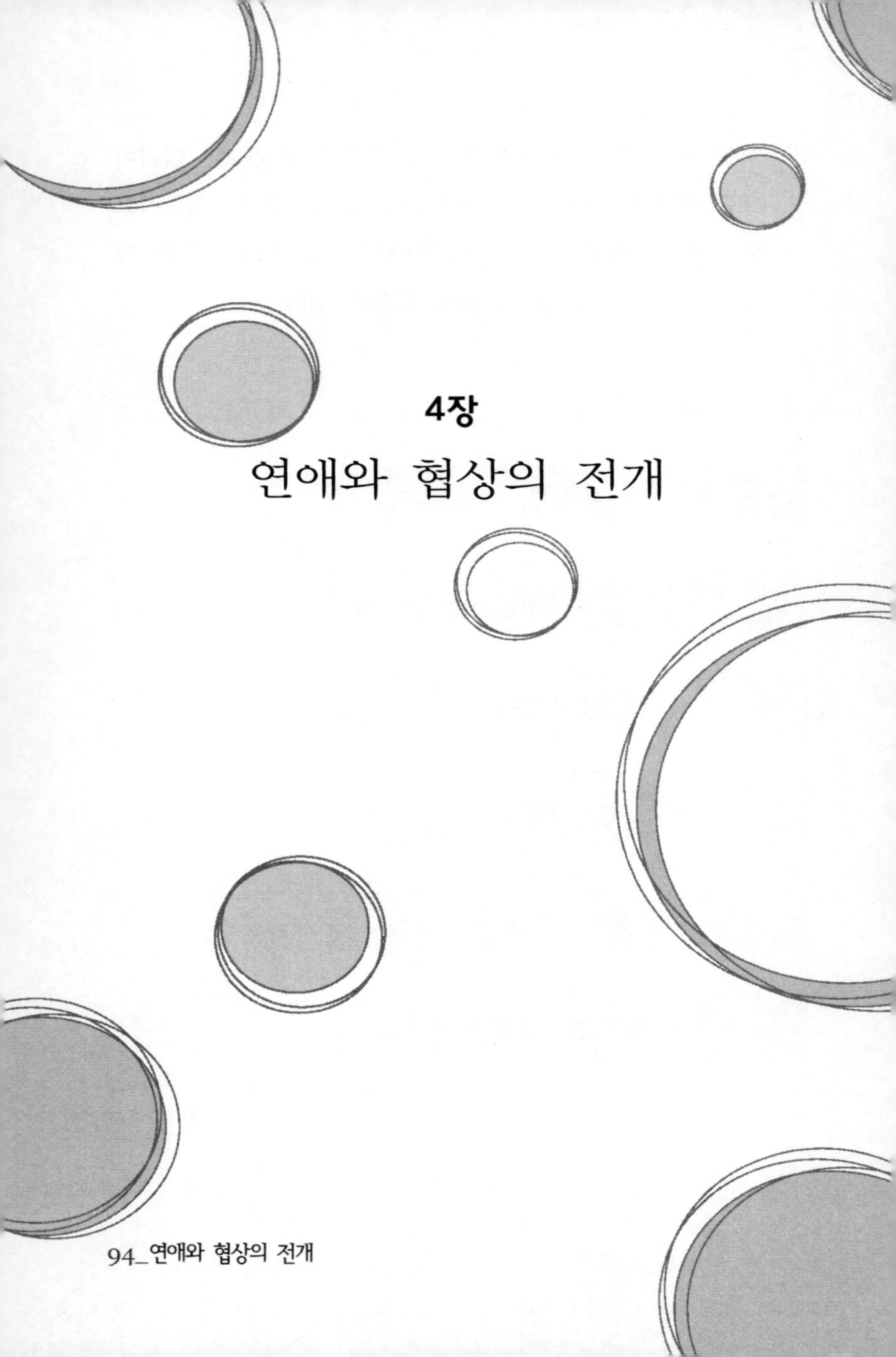

4장
연애와 협상의 전개

1
여인의 심리

　여인을 잡는 것과 돈을 잡는 것과 협상의 타결을 보는 것은 어찌 보면 비슷하지 않을까? 우리가 왜 인생을 사는가? 사람들은 아마도 속아서 산다고 해도 과언이 아니다. 무엇에 속아 사는가? 희망에 속아 사는 것이다.

　사람들은 한해가 지나고 새해가 시작되면 지나간 해에 자신의 소망을 다 이루지 못하여도 새해는 새로운 소망을 이룰 수 있으리라는 희망 때문에 사는 것이지요. 한마디로 해마다 그렇게 속아서 인생을 산다고 하시는 노인들의 말씀을 듣고 많은 것을 생각하였습니다. 잡힐듯하면서 안 잡히고 그 해답이 보일듯하면서도 보이지 않은 것이 인생이 아닌가요? 인생은 정답이 없습니다.

　그러나 사람들은 하도 답답하고 그래서 해마다 연말연시가 되면 토정비결을 보고 자신의 사주를 가지고 신년운세를 점 쳐보기도 하는 것입니다. 물론 필자인 저도 완전하게 이런 것을 긍정도 부정도 하지 않습니다. 재미삼아 본 경우도 있는데 어떨 때는 기가 막히게 맞는 경우도 있는 것을 보면 신기하기도 합니다.

　정말로 남자 입장에서 여인은 잡힐 듯 말 듯한 존재이기도 합니다. 정말로 돈이 수중에 곧 들어올 것 같은 생각에 사업을 벌여서 일을 추진하다가 막판에 가서 일이 틀어져서 사업이 안 되기도 하고 그럽니다. 그리고 연애에서도 여인이 잡힐듯하다가 멀어지기도 하고 또 떠나갔는가 하여서 보면 아주 떠나간 것도 아니고 그런 것이 여인과 돈이 아닌가요? 정말로 앞서서 여인에 대한 글에서 보듯이 여인은 남자들이 생각하면 이성적인 판단으로 잘 판단이 안 되는 존재로서 "알 수 없고, 알아지지도 아니하고, 알 필요도 없는" 존재로 생각됩니다.

　아무튼, 여인은 남자와 달리 매우 섬세하고 또 억지로 힘을 주어서 잡으려고 하면 미꾸라지처럼 빠져나가기도 하고 또 풍선을 힘을 주어서 누르면 금방 터지지 아니하고 옆으로 공기가 이동하여서 모양이 변하다가 힘을 빼면 다시 원상 복구하는 모습이 바로 여인의 심리입니다.

　여인은 매우 꼼꼼하고 아울러서 동물적인 감각이 남자보다 뛰어나서 남자들의 눈에는 보이지 않은 것도 미리 보는 과학적으로 설명하기 힘든 초인적인 능력이 있습니다. 물론 이점을 다시 설명하면 육(6)감입니다. 흔히들 인간은 다섯 개의 감각을 가지고 있는데 과학적으로 입증되는 다섯 개의 감각 이외에 논리적으로 설명하기 힘든 여섯 번째 감각이라고 하는데 영어로는 sixth sense라고 합니다. 즉 다시 말해서 여인은 육감이 남자보다 강합니다. 영어로 다시 표현하면 invisible sense(눈에 보이지 않은 감각)입니다. 이런 여인과 남자들의 시각에서 바라보면 어찌해서 여인을 이해하고 또 연애에서 승리 할 수 있을까요? 승리 할 수 없다면 차라리 여인이 하자고 하는 데로 하는 것이 더 전략상 더 현명 할 수 있다고 생각합니다.

여인이 하자고 하는 데로 다 보고 나서 결론 부분에 자신의 의지를 관철 시키는 것이 더 현명한 전략입니다. 협상에서 상대의 카드를 먼저 보고 나의 카드를 내주는 것이 더 현명한 협상 카드입니다. 그러기에 여인과 연애할 때는 먼저 여인의 의중을 떠보는 것이 더 현명한데 여인의 심리는 때로는 겉과 속이 다르게 표현하는 경우가 있기에 상대의 본심이 무엇인지를 여러 가지 상황을 종합 검토하는 것이 매우 중요합니다. 여인의 말은 말하는 그대로 믿지 마라. 이것이 여인과 연애의 기본공식입니다. 사람이 사람의 말을 믿지 않을 수 있습니까? 하고 반문을 하겠지만, 할머니들이 종종 이런 말을 하시는 것을 보았습니다. 여자를 남자와 같은 사람으로 보면 안 된다. 여자는 사람이 아니라 요물로 보아라. 이런 말씀을 하시더군요. 여기서 요물은 여자를 비하하는 의미가 아니라 평범한 인간이 아니라 다분히 초인적인 요소를 가지고 있기 때문에 평범한 사람이 응대하기는 아주 복잡 미묘한 요소가 있다는 뜻으로 해석된다. 이 글을 읽고 여인 독자분께서는 저에게 돌을 던지지 말기를 바랍니다. "여자가 한을 품으면 오뉴월에도 서리가 내린다." 라는 속담도 있습니다. 그리고 무서운 귀신영화의 대부분 귀신도 여인입니다. 어째서 여인은 한이 많은지? 그런데 필자가 생각하기는 한국은 요사이 언제부터인가 남자들이 여인들의 기에 눌려서 기를 못 피고 사는 나라가 되었습니다. 여자가 아닌 여인님들께서 남자들에게 기를 불어넣어 주시기를 요청합니다. 그래야, 남녀 모두 다 함께 잘사는 나라가 됩니다.

남자들도 여인이 이렇게 복잡 미묘한 존재이지만 그래도 다들 연애에 성공하여서 잘 살고 계시지 않습니까?

여인을 대할 때는 복잡할수록 심플하게 정면돌파하기도 하고 또는 결과가 잘 될 것이라는 자신감과 긍정적인 마음으로 여인과 인생협상을 하시기 기대합니다.

2
협상가의 심리

　협상은 크게 두 가지 집단으로 협상가를 구분하는 방법이 있습니다. 스포츠 경기를 하면 스포츠라고 하는 것은 정해진 룰에 따라서 득점을 하는 것이다. 그리고 공격자와 수비자가 따로 있는 것이 아니고 때로는 공격을 하기도 하고 때로는 수비도 하여야 한다. 그러기에 협상가는 스포츠 게임의 공격과 수비를 세밀하게 연구 관찰하여야 합니다.

　다시 말하면 협상가는 공격과 수비를 능숙하게 처리하는 멀티 플레이어야 되어야 합니다. 마치 탁구경기에서 공격과 수비가 수시로 바뀌는 것처럼 공격을 하면서도 수비로 전환이 빨라야 하고 수비를 하다가도 미세한 틈을 이용하여서 공격으로 전환하여야 하는 것처럼 협상도 상황에 따라서 공격과 수비를 수시로 번갈아 가면서 진행해야 하는 고도의 순발력이 요구되는 심리게임이다.

　그러기에 적절한 타이밍을 포착하여야 하며 공격의 기회를 잡았을 때는 집요하게 물고 늘어지는 것이 중요하며 상대가 공격을 방어하기 힘든 논리와 감성으로 공격을 전개하여야 하며 수비를 할 때는 역시 궤변에 가까운 논리라도 자신의 방어를 위해서 논리를 전개하여야 하는 것이 협상의 공격과 수비의 기본 원리입니다. 물건을 사고파는 비즈니스 협상에서 아무래도 물건을 사는 측이 유리한 것 같지만, 꼭 그런 것은 아닙니다. 상황에 따라서 물건을 사는 사람이 유리한 바이어 마켓(Buyer Market)이 있고 또 거꾸로 판매자가 유리한 셀러 마켓(Seller Market)이 있는 것이다. 그런데 이런 상황이 항상 고정되어 있는 것은 아니기에 상황에 따라서 어쩌면 협상에서 유리한 입장이 바뀌기도 하는 경우도 있다.

남자에게 시집가는 사람은 어떨까?

금이야 옥이야 길러서 세상에 둘도 없는 딸을 다른 남자에게 시집보내는 신부의 어머니

심정은 어떨까?

물건을 산다고 하는 것은 개인이나 기업이나 피땀 흘려서 번 돈이 나간다고 하는 것을 의미한다. 물론 돈이 나가는 대신에 반대로 어떤 제품이 들어온다고 하지만 돈이 지출된다고 하는 것을 상당히 고민하면서 돈을 지출하는 것은 누구나 공통으로 느끼는 심정이다.

위의 두 가지 경우에서 누가 더 객관적이고 심사숙고할까?

남녀 간에 사랑은 흔히들 눈에 콩깍지가 씌여야 한다고 하니까 이미 객관적인 시각은 상실할 수도 있다. 정말로 마술에 걸리는 일이 아닌가? 잘못되면 환불할 수 없는 것이 남녀 간의 연애이다. 헤어지고 설령 결혼하고 나서 이혼한다고 하여도 즉 환불은 아닌 즉슨 원래대로 돌아가는 것은 아니다.

남녀 간에 사랑에 돌입하면 어떤 논리가 성립하는 것이 아니다. 마술에 걸리는 것이다.

그러나 두 사람을 바라보는 사람들은 다소 냉정하게 바라볼 수도 있으며 특히나 딸을 가지 어머니는 정말로 당사자보다 더욱더 객관적이고 냉정하게 판단하는 것이 일반적이다.

물건을 파는 사람은 물건을 사는 사람의 심정은 예쁜 딸을 시집보내는 어머니의 심정과 같은 것을 인식하고 연애하는 상대방의 여인을 결혼식장에서 신부의 아버지로부터 인수인계 받고 신혼여행을 다녀와서 혼인신고를 하여야 자기의 아내가 되는 것처럼 물건을 파는 사람들은 비록 작은 거래라 할지라도 물건을 사는 사람의 이런 특성을 이해하고 거래가 종결될 때까지 작은 부분까지도 세심하게 주의하면서 협상을 하여야 한다.

위의 단어 중 인수인계라는 표현에 혹시 흥분하는 여인들이 있다면 흥분하지 말기를 바랍니다. 왜냐하면, 결혼식을 유심히 보면 정말로 결혼식은 남녀가 동시에 입장하는 경우도 있으나 대부분 신부의 아버지가 딸을 손을 잡고 들어와서 신랑에게 보내는 장면은 이 아버지는 나이가 많고 그러니 언제까지 딸을 돌 볼수 없으니 이제 나보다 더 젊은 신랑 즉, 사위에게 딸을 부탁하면서 인계하는 것이다.

즉 사위에게 딸의 인생을 잘 부탁하는 것이다.

세상에 쉬운 거래는 없으며 작은 액수의 돈도 노력하지 않고 들어오는 것은 없다.

사자가 토끼 한 마리를 잡을 때도 최선을 다한다고 한다. 탁구에서도 아무리 높이 뜬 공도 최선을 다해서 강하게 내려치지 않으면 득점이 되지 않는 것이다.

협상가는 통이 크고 좋은 사람이야 하는 소리를 듣는 사람은 협상가의 덕목이 아니다.

협상가는 때로는 꼼꼼하고 자상하며 조목조목 따지는 성격이 매우 필요한 것이다. 협상가는 자기 혼자서 모든 업무를 추진하다 보면 크게 낭패에 직면할 수도 있기 때문에 중요한 결정에서는 조언자의 의견을 충분히 검토하고 또 자신의 의견에 따라서 상대방이 어떤 대응을 할 것인가 하는 점까지 여러 가지 경우의 수를 가지고 가정하여서 충분히 검토하는 것이 협상가의 덕목이다. 협상가는 작은 숫자에도 그 의미를 충분히 검토하는 습관을 가지고 작은 숫자가 누적되면 어떤 결과를 가져오는지 항상 심사숙고하여야 한다.

핵심포인트

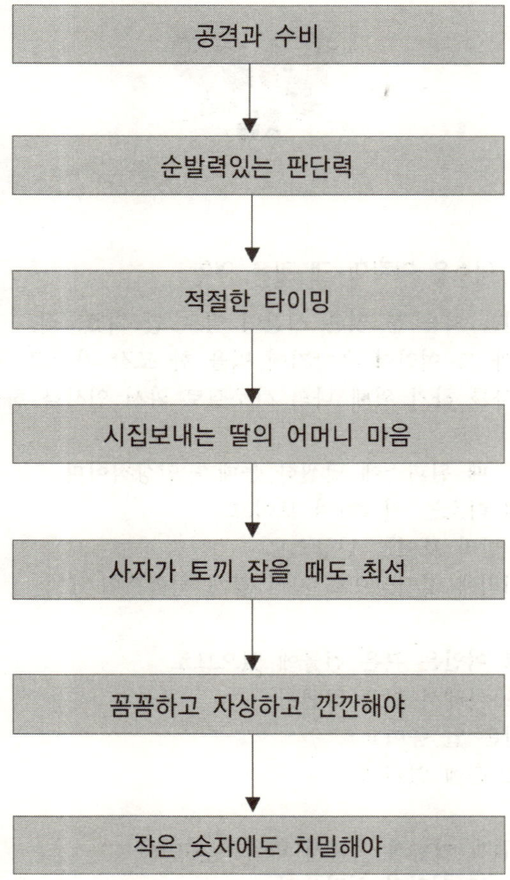

공격과 수비
순발력있는 판단력
적절한 타이밍
시집보내는 딸의 어머니 마음
사자가 토끼 잡을 때도 최선
꼼꼼하고 자상하고 깐깐해야
작은 숫자에도 치밀해야

3
나에게 입술을 허락할 것 같은 여인

나에게 입술을 허락할 것 같은 여인

그 여인을 처음 본 것은 시간이 별로 안 되었노라.
그러니까 그 여인이 은박지에 떡을 한 조각 가지고
개업인사를 하기 위해 나의 사무실로 와서 인사를 하였노라.

처음 볼 때 원피스에 날씬한 몸매가 인상적이며
큰 키에 다소는 연약하여 보이고
어쩌면 말라 보이는 인상으로
나의 뇌리에 첫인상으로 자리 잡게 되었으며

나와 그 여인은 같은 건물에 있으므로
한 지붕 아래서 일을 하면서
그 여인은 일 층이요
나는 오 층에 있기에

자연스럽게 이렇게 저렇게 만나게 되어서
몇 번은 그 여인의 일터에서
나의 친구들과 함께 가서 이런저런 이야기를
하면서 알게 된 사실은

그 여인 나이가 꽤 들었건만
아직은 미혼인 처녀요
그 여인 분명히 말하기를
지금은 애인이 없다고 하더라.
또한, 외로움도 느낀다고 하는 솔직한 모습에서
나이를 떠나 순수한 모습이 느끼는데

어제는 아는 사람 두 분과
그 여인이 운영하는 카페에서
맥주를 마시며 이야기하는데
내가 아는 사람 두 분은 나의 건너편에
그리고 그 여인은 내 옆에 앉아서 대화를 즐기는데

성은 "정"이요 이름은 "미영"이라는 그 여인
술이 약간은 취해 있었으나 의식은 또렷하였네.

이미 나의 손은 그 여인의 손을 잡고서
그 여인 손에서 부드럽고도 포동포동한 느낌을 느끼며
나의 왼손은 여러 사람 앞에서
그 여인의 허리를 감싸고 있었네

그런데 그 여인 겉모습과는 달리
상당히 글래머 여인임을 직감하고
나의 손과 나의 두 눈과 나의 감각이
떨리고

이미 마음속에서 그 여인을 나의 무릎에 안아서
나의 오른손으로 그 여인의 어깨를 토닥이며
그 여인의 외로움을 덜어주고
나의 왼손은 그 여인의 허리를 안고 있었네

그런 상상의 나래를 펴면서 그 여인의
손목을 잡고서 서로가 무언의 대화를 하다가
내가 언젠가는 뽀뽀를 해주겠다고 하였는데

그런데 이것이 어찌 된 일인가
그 여인 분명히 또렷한 소리로 말하기를
"지금 당장 뽀뽀해주세요"

이 말에 나는 놀라면서도
내 앞에 두 사람이 있고 주위에 여러 사람이 있는데도
나는 그 여인의 포송하고 윤기가 흐르고 체온이 느껴지는
그 여인의 오른쪽 볼에 뽀뽀를 하였네

그리고 얼마 후에 그 여인 귀에다
"다음에는 입술에 뽀뽀를 해주겠다"고 속삭였네

언젠가는 이런 사실이 현실로 오기를 기대하며
더욱더 그 여인이 아름답게 느껴지는 마음을 감출 수 없네
머지않아 그 여인 꿈속이 아닌 현실에서
나의 품에 안기어
"나에게 입술을 허락할 것 같은 여인"이라는
꿈같은 상상을 하면서 그 여인이 나의 눈앞에
아른거리는 행복감을 영원히 간직하겠노라

> 2000년 4월 19일 밤에 논현동에서 겪었던 일을
> 영원히 추억으로 간직하며 이 글의 주인공인
> 정미영 씨의 행복을 빌기 위해 이 글을 남기노라
>
> 2000년 4월 20일

이 글의 주인공은 항공사 스튜어디스 출신의 미인인 여인
으로, 이 글을 저로부터 전해 받고는 여러 사람에게 자랑하며
기뻐하면서 이 글을 영원히 간직하겠다고 고맙다면서 저에게
인사를 하였습니다.

그 후에 이 여인이 저에게 "입술을 허락한 여인"이였는지

"입술만 허락한 여인" 이였는지.

"입술까지도 허락한 여인" 이였는지.

"입술부터 허락한 여인" 이였는지는

독자분들의 상상에 맡깁니다.

제가 만난 여인 중에 그래도 기억에 남는 여인입니다.

독자분께서는 저에 대하여 오해하지 마시기를 당부 드립
니다.

4

협상의 시작

　세상을 살아가는 데는 운명적인 요소도 많이 있고 또 그러한 운명 속에 노력의 결과에 의해서 인생길이 바뀌고 또한 그런 인생 속에 각자의 성취도도 다른 것이다. 누가 누구보다 성공하였다. 실패하였다는 이분법으로 구분하는 것은 정말로 의미 없는 일인 것이다. 각자의 능력과 환경 속에서 얼마나 성취하였는가를 생각해보는 것이 더 중요한 것이다.

　세상 누구라도 구하려고 하는 자가 구하는 것이다. 감나무 아래서 감이 입에 떨어지기를 기다리고 입을 벌리고 있는다고 감이 떨어지는 것도 아니고 멋진 여인과 연애하고 싶은데 가만히 있는데 어느 여인이 다가오겠는가? 야구에서 홈런을 치려고 하는 타자는 삼진 아웃의 수많은 과정을 거치면서 홈런을 치는 것이다.

　실패를 두려워해서는 안 되는 것이다. 여인을 안아 보려고 하면 여인에게 다가가는 것이다.

　앞의 글에서 사연은 2000년 4월 19일 밤에 논현동까지 실제 상황이다. 정말로 한번은 안아보고 싶은 마음이 아마도 나의 잠재의식에 있었고 그래서 그렇게 한번(?) 안아 보는 행운을 가지게 된 것이다. 만일에 아무런 액션이 나로부터 나오지 않았다면 글처럼 즐거운 추억이 없었으리라.

　이렇듯 협상가는 자신이 원하는 것을 위해서 상대방에게 요청하는 것이다. 거절되면 어쩌지 하는 부정적인 생각은 하지 말아야 한다. 열 번 시도하다가 아홉 번 거절당하거나 실패해도 한번 성공하면 그 회수를 늘려서 백번을 시도하면 열 번을 성공하는 것이 되는 것이다. 흔히들 자동차 영업사원들이 영업을 시작해서 자동차 한 대를 팔기까지 엄청난 노력이 필요로 한다고 한다.

　문제는 대부분의 거절과 실패에 낙담하지 않고 또 시도하고 또 시도하고 하면서 반복하면서 그 회수를 늘리는 것이다. 예쁜 여인을 안아보고 싶으면 예쁜 여인에게 다가가는 것이다. 물건을 팔려면 팔려고 노력하여야 한다. 아무튼, 협상의 기본은 자신이 원하는 건에 대해서 시도하는 것이다. 그런데 그 시도는 적극적으로 말로 즉 커뮤니케이션을 가지고 시도하는 것이다. 나의 생각을 상대방에게 전달하는 것으로부터 협상은 시작하는 것이다. 행운도 노력하는 자에게 다가온다고 한다. 아무런 움직임도 없는데 어째서 행운이 따라

오겠는가? 1퍼센트의 가능성만 있으면 과감히 도전하고 시도하라 이것이 협상의 시작이다. 그러다 보면 의외로 잘 풀려서 큰 행운도 잡을 수 있다. 많은 여인을 안아보는 남자는 거꾸로 남보다 더 많은 시도를 하여서 실패를 하는 가운데 그중에 노력의 결과로 남보다 더 많은 여인을 안아 보는 행운이 오는 것이다. 즉 비즈니스 협상의 시도를 많이 하여야 실패도 하지만 그런 가운데 성공도 하는 것이다. 유명한 홈런 타자일수록 삼진 아웃도 가장 많이 당하고 축구에서 유명한 골잡이도 슈팅 실패가 가장 많은 것이다.

실패를 통해서 성공의 길을 깨닫는다. 수학 시험문제를 열심히 풀어 보아야 틀리더라도 정답풀이 과정을 보면 쉽게 이해하고 깨닫는다. 직접 시도하지 않으면 학습이 되는 것이 아니다. 협상은 스스로 직접 해보는 것이 우선이다.

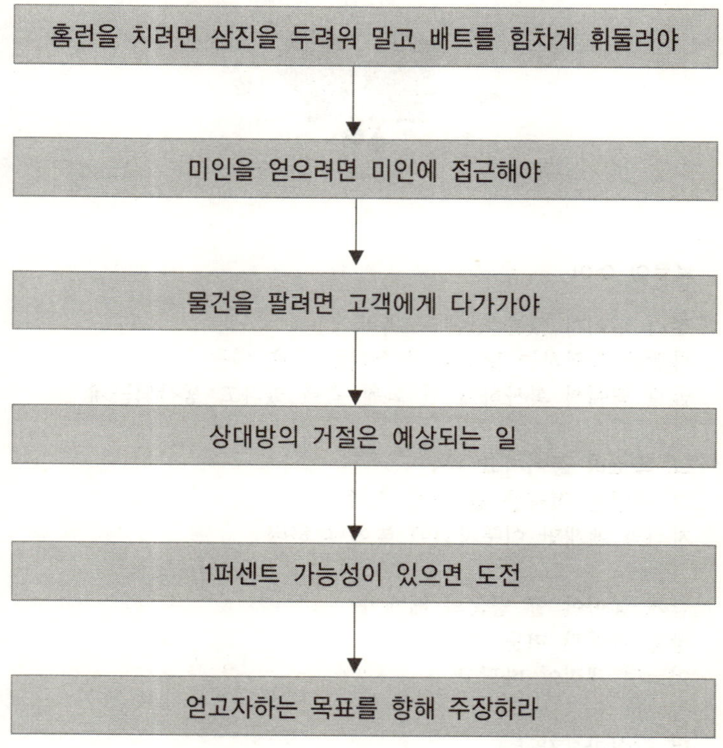

홈런을 치려면 삼진을 두려워 말고 배트를 힘차게 휘둘러야
미인을 얻으려면 미인에 접근해야
물건을 팔려면 고객에게 다가가야
상대방의 거절은 예상되는 일
1퍼센트 가능성이 있으면 도전
얻고자하는 목표를 향해 주장하라

5
불륜의 여인

불륜의 여인

멀리 떨어져 있는 낭군으로부터
사랑을 확인하는 달콤한 목소리를 들을 때는
꿈길 속에서 화사하게 핀 화원 속에 있다고 생각되는데

그 목소리 끊어지고 나면
그 여인은 적막한 밤 공기 속에
자신의 베개만 이부자리에 놓아야 하네

함께 놓아야 할 낭군의 베개가
장롱 속에만 머문 지
어느덧 계절이 바뀌고

더 잘살아보자고
낭군님은 자신과 아이들을 위해 고생하고
그 여인도 아이들을 돌보며 낭군을 기다리지만

아름답게 피어오른 자신의 꽃봉오리를
사랑해주던 그 벌은 멀리 있고

화사하게 피어오른 꽃봉오리에
어느새 다른 벌들이 날아오고

한창 피어오른 꽃봉오리에
달콤한 꿀이 고여
자신의 무게를 이기지 못해
꽃봉오리가 쓰러질 듯이 넘어 갈 때

다른 벌들이 날아와서
그 무게를 덜어주는 것이
너무나 기뻐 환희에 넘쳐흐르네

그 환희를 잊지 못해
어느새 화사하게 핀 꽃봉오리가
다른 벌에게 찾아가
자신의 무게를 덜어달라고 애원하네

1992년경 직장생활을 할 때
회사일로 서울에서 구미로 출장 가는 길에
고속버스 옆자리에 앉아서 함께 가던
30대 후반의 정숙하고도 매력적이며 멋진 몸매에 교양이 있는
여인과 대화 도중에
남편이 외국출장을 자주 다니는 멋진 남편을 두고 있었지만
그 여인이 경험을 한 이야기를 듣고
5년이 지나서 그때의 대화내용과 감각을 되돌려서
한 편의 글로 정리하며
그때 그 연인을 그 후로 한 번도 본 일이 없으며
연락도 못하고 여행길의 대화만 한 친구로 끝났노라.

1997년 5월 5일

6

협상 후 고객관리

　유명한 여자 탤런트와 남자 탤런트가 아이까지 낳고 살다가 남편이 부인을 향해 이혼소송을 청구하고 아울러 부인을 간통혐의로 고소하는 사건이 있었다. 그리고 그 사건은 워낙 유명한 연예인 부부라서 각종 언론에 계속해서 보도가 되고 그러는 가운데 부인은 잠적을 하다가 기자회견을 하는데 남편이 결혼생활 동안에 아내인 자신을 별로 많이 사랑해주지를 않았다고 하는 폭로성 기자회견을 하여서 대중으로부터 동정심을 얻는 전략을 구사하였다.

　한국에는 간통죄라는 것이 아직은 합헌으로 엄연한 범죄로 규정되고 있으며 사실이 발각되면 공개적인 주홍글씨를 가슴에 새기는 처지가 되어서 특히나 대중의 인기와 이미지를 먹고사는 연예인은 아직은 한국에서 연예생활의 치명타를 맞는 셈이다. 앞서의 글 제목 불륜의 여인과 마찬가지로 남편의 사랑을 적절하게 받지 못하면 법적인 남편이 아닌 다른 남자로부터라도 사랑을 받고 싶은 것이 여인이 기본마음이 아닌가?

　이렇듯 협상도 쌍방이 합의를 하여서 최종적으로 도장을 찍고 계약서를 작성하였어도 그 계약서대로 이행을 하지 않으면 고객은 떠나가거나 합의 사항을 제대로 이행하지 않는 것이다. 협상이라고 하는 것은 쌍방간에 신의와 성실에 입각해서 진행하는 것이다. 협상을 통해서 고객을 확보하고 나서도 지속적으로 고객관리를 꾸준히 하여야 하는 것이 비즈니스 발전을 위해서 필수적인 것이다.

　협상을 하는 사람은 늘 상대방에게 믿음과 신뢰를 주어서 거래가 지속적으로 유지되도록 하는 것이 쌍방간에 서로가 이득이 되는 것이다. 물론 상대방이 협상의 결과를 제대로 이행하지 않을 경우에는 위의 글처럼 약속 이행을 하지 않거나 합의 결과를 파기 주장을 하면 되는 것이다.

　한국의 남편들이여 결혼하고 모든 것이 끝났다고 생각하면 안 되는 것이다. 결혼을 하고 나면 세상에서 가장 소중한 고객이 부인인 것이다. 세상에서 가장 소중한 고객을 잃지 않기 위해서는 고객만족 정신으로 부인을 위해서 최선의 노력을 하여야 한다. 행여나 다른 생각을 가지고 다른 짓을 하면 앞서서도 설명하였듯이 여인은 남자보다 동물적인 감각인 육감이 강해서 다 꼬리가 잡히고 마는 것이다. 꼬리 잡히고 후회하지 말고 오로지 부인을 위해서 노력하는 것이 제일의 고객을 유지하는 지름길이다.

　　꼬리 잡혀서 고개 숙인 남자가 되지 말고 얼굴 들고 당당히 고개 펴는 남자가 되기를 바란다. 그러나 역설적으로 진짜 프로는 꼬리 잡히지 않고 다른 고객을 몰래 만드는 비법이 있다고 주장하는 사람도 있고 또 세상에는 그런 사람도 있는 것 같다.

　　필자는 그런 프로가 되는 기법은 알지 못하여서 그런 기법을 소개하지 못함을 안타깝게 생각하고 있다. 그러나 이런 말이 있다. 꼬리가 길면 잡힌다. 그렇다 언젠가는 잡히고 마는 것이 다른 짓 하는 것이다.

핵심포인트

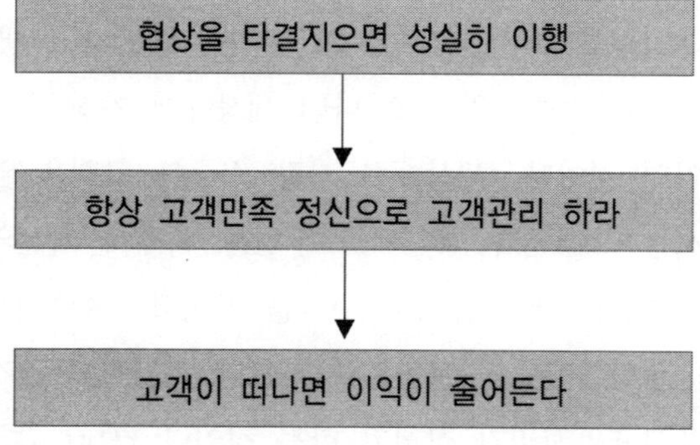

7
태산이 높다 하되

아주 오래전에 중고등학교에서 국어 시간에 시조를 공부
한 적이 있다.

태산이 높다 하되 하늘 아래 메이로다.

오르고 또 오르면 못 오를 리 없건마는

사람이 제 아니 오르고 메만 높다 하더라.

이 시조는 조선시대 양사언(楊士彦)이 지은 시조로서 인간
의 노력을 역설하는 시조로써 선생님들이 자주 인용하는 유
명한 구절이다.

그런가 하면 고사성어에 우공이산(愚公移山)이란 성어가
있다.

우공(愚公)이 산(山)을 옮기다(移)는 뜻으로 어떤 일이라도
끊임없이 노력하면 반드시 이루어진다는 뜻이다.

이 고사성의 유래를 알아보면

먼 옛날 태항산(太行山)과 왕옥산(王玉山) 사이의 좁은 땅
에 우공(愚公)이라는 90세 노인이 살고 있었다. 그런데 사방

700리에 높이가 만 길이나 되는 큰 산이 집 앞뒤를 가로막고 있어 다니는데 불편했다. 그래서 우공은 가족과 함께 그 산을 깎아 곧장 길을 내기로 의견을 모았다. 그의 아내가 거기서 나오는 흙은 어찌할 것이냐고 물었다. 우공은 "발해(渤海)에 갖다 버릴 거요."라고 대답했다. 이튿날 아침부터 우공은 세 아들과 손자들을 데리고 돌을 깨고 흙을 파서 삼태기로 발해까지 갖다 버리기 시작했다. 한 번 갔다 돌아오는데 꼬박 1년이 걸렸다. 이를 본 지수가 '죽을 날이 머지않은 노인이 정말 망령'이라며 비웃자 우공은 태연히 말했다. "내가 죽으면 아들이 하고, 아들은 또 손자를 낳고 손자는 또 아들을……. 이렇게 계속하면 언젠가는 저 두 산이 평평해질 날이 오겠지." 이 말을 듣고 놀란 사신(蛇神)이 이 사실을 옥황상제에게 말했다. 우공의 끈기에 감동한 옥황상제는 역신(力神)의 아들에게 명하여 태항산은 삭동(朔東) 땅에, 왕옥산은 옹남(雍南) 땅에 옮겨 놓게 했다. 지금 두 산이 있었던 자리에는 현재 작은 언덕조차 없다고 한다.

세상에서 힘든 일이 많이 있다. 그런데 잘 생각해보면 또 쉬운 일도 하나도 없는 것이다. 누가 어떤 일을 잘하거나 전문가들이 있는데 세상에서 가장 힘든 것은 어떤 어려운 지식이나 기술보다는 그것을 숙련시키는 지속성이 가장 힘이 든다고 필자는 생각한다.

우리가 대어를 낚으려면 정말로 인내심이 필요하다. 연애
도 마찬가지이다. 때로는 인내심을 가지고 끈질기게 노력하
여야 연애가 성공하기도 한다. 정말로 인생에서 중요한 덕
목 중 하나가 바로 끈질김이다. 마음에 둔 여인이 있는데
몇 번 따라다니다가 뜻대로 안 된다고 포기하지 말고 좀 더
끈질기게 노력하여야 한다. 고지가 바로 저긴데 예서 말 수
는 없다.

이런 생각으로 좀 더 인내심을 가지고 노력하여야 한다.

8
협상의 성공은?

　한국인들의 성격 중 하나가 성격이 매우 급하다는 것이다. 그런데 이 급한 성격이 좋다 나쁘다고 이분법으로 구분하는 것은 적절하지 않다. 왜냐하면, 미술에서 나오는 수많은 색상이 다양한 뜻을 가지고 있어서 때로는 긍정적인 의미로 어떨 때는 부정적인 의미로 나타나기도 한다. 마찬가지로 어떤 사람의 성격을 말하면서 저 사람은 성격이 급해 아주 나쁜 버릇이야 이렇게 말하는 사람이 있다면 인식이 잘못된 것이다. 그러면 반대로 성격이 느린 사람이 좋은가? 아니다. 모든 성격에는 장단점이 있는 것이다. 절대적인 가치가 있는 것이 아니다.

　한국인의 급한 성격으로 인해서 다이나믹(Dynamic)한 힘으로 전 세계 어디서도 찾기 힘든 초고속 성장을 한 것이다. 그런데 협상에서 속전속결(速戰速決)이라는 태도로 협상에 임하면 상당히 많은 경우에서 낭패를 가져오는 것이다. 한국인의 협상태도 중 하나가 성격이 급해서 협상을 아주 단순하게 여기는 점이다. 한국인은 성격이 급하여서 내가 이렇게 하겠으니 상대방이 이만큼 해달라 하는 협상원론적인 측면에서 보면 아주 초보적인 협상에 임하는 개인이나 집단이 아주 많다. 심지어는 과거의 정부에서 보면 협상의 타결에 급급해서 시간에 쫓기는 상태에서 한국 정부의 주장을 별로 하지 못하고 양보로 일관하다가 협상타결을 하거나 상대국가에서 강하게 또는 협박적으로 나오면 불협화음이 보도되는 것이 무서워서 맥없이 협상을 하여주는 경우가 없었다고 할 수 없는 사실이다. 협상가는 때로는 느긋하게 나가는 전략이 필요하다. 상대가 공격을 해오면 얼굴색도 변하지 않고 침착하게 흔들리지 말고 자신의 카드로 논리적으로 방어하거나 때로는 상대의 주장이 틀렸다고 주장을 하면서 대처하는 것이 협상의 원리이다. 급할 수록 돌아가라는 말도 있으며 아무리 급해도 바늘귀에 실을 꿰지 않고는 바느질을 할 수 없는 것이다. 특히나 중국사람들과 협상을 하는 경우에는 인내심이 더욱더 필요로 한 것이다. 중국사람들의 "만만디" 사고방식으로 인해서 한국인의 입자에서 보면 때로는 도저히 이해를 못 하는 경우도 있으나 협상은 항상 상대방과 함께 하는 것임을 인식하고 마음의 여유를 가지고 협상에 임해야 한다.

　한국의 정부협상이 잘못되는 큰원인 중 하나가 너무 서둘러서 마치려고 하는것이다. 급할 수록 돌아간다는 생각으로 국가간에 협상을 하여야 한다.

9
연애에서 성공과 실패

세상에 연애에서 실패가 있는 것인가?

연애는 청춘사업으로 볼 수 있는데 연애는 청춘만 하는 것이 아니다. 연애는 시도 때도 없이 즉 남녀가 나이 불문하고 할 수 있는 것이다. 연애를 하고 싶은 마음이 있으면 청춘이다. 연애하다가 좋은 관계를 유지하고 있다가 어떤 이유에서 상대방이 떠나기도 하고 또 내가 스스로 싫어서 떠나고 싶은 것이 사람이다. 연애에서 영원한 파트너가 있다고 하는 집착성은 때로는 버리는 것이다.

부모와 형제자매는 수족과 같아서 자신의 수족은 마음에 안 든다고 함부로 자를 수 없는 것이 아닌가? 그런데 연인은 옷과 같아서 자신을 가장 멋지게 보여지게 하고 또 추위와 더위를 방어해주는 기능이 있는 정말로 너무나 고마운 존재이다. 그러나 옷이라고 하는 것은 마음에 들지 않으면 벗으면 되는 것이기에 때가 되면 이별을 하는 수도 있다. 물론 일부러 수시로 옷을 바꾸라는 의미는 아닌 것이다. 다만, 연인이란 존재가 그런 것이다. 부모형제 자매는 피를 아눈 천륜으로 만나서 촌수가 있지만 부부나 연인은 촌수가 없는 굳이 말하면 법적인 관계이다. 앞서도 설명하였지만 부부만 법적인 관계이지 애인은 제 삼자가 보기에는 아무런 관계도 아니다. 그러기에 애인은 언제라도 떠날 수 있는 것이다. 애인이 떠났다고 연애가 실패한 것인가? 인간 이기게 그동안 정이 들고 또 사랑하였고 좋아하였기에 가슴이 아프기도 하지만 그렇게 가슴 아픈 상태로 평생 살 것인가? 옷을 잃어 버렸다고 그 옷을 찾으려고 온 세상을 헤매면서 가슴아파 할 것인가? 이 세상에 더 멋지고 화려하고 더 따뜻하고 더 시원한 옷은 너무나 많다. 헌옷이 나가면 아마도 더 멋지고 더 화려한 옷을 입을 수 있는 기회이다 하고 긍정적으로 생각하고 다른 옷을 찾는 것이다.

앞에서 설명하였듯이 세상에서 변하지 않는 것은 별로 없습니다. 연애라고 하는 것도 역시 상황에 따라서 그 가치가 변하는 것입니다. 그러므로 연애의 과정의 그 순간순간을 소중하게 간직하는 것입니다. 연애를 하다가 자신의 이유이던 상대방의 이유이던 간에 어떤 이유로도 헤어질 수 있는 것입니다. 헤어지면 더 멋진 새로운 연애 대상자가 나타나리라고 하는 기대와 희망으로 더욱더 긍정적으로 인생을 사는 것입니다. 연애는 영원한 성공도 실패도 없는 것입니다.

다시 말해서 연애는 성공이나 실패냐 라는 단어가 없는 인생의 활력소입니다. 이런 인생의 활력소로 인해서 가급적이면 가슴이 아프면 안 되는 것입니다. 인생의 활력소를 주었던 상대방을 향해서 떠나간 뒤에 어떠한 원망을 하여서는 안 되는 것입니다. 자신을 아름답고 멋지게 꾸며 주었던 옷과 같은 존재가 떠나갔지만, 한때는 자신을 아름답고 멋지게 꾸며준 그 상대방의 인생의 앞길에 행복과 행운을 기원하는 것입니다.

그리고 인생길을 가다가 어느 길 모퉁이에서 만나더라도 환하게 서로 웃으며 인사하는 사이가 되는 관계로 유지하여서 정말로 좋은 마음으로 헤어져야 합니다.

연애를 통한 헤어짐으로 인해서 더욱더 성숙하고 내가 과연 최선을 다해서 그 상대방을 잘해주었나 하는 생각으로 돌아보면서 앞으로 만날 미래의 연애파트너에게는 헤어진 파트너보다 더 잘해주겠다는 생각으로 지난 연애에서 자신이 부족한 점이 무엇인가 하는 생각을 가지고 돌아보는 시간을 가지는 것이 현명한 것입니다.

10
협상에서 성공과 실패

　협상에서 성공인가 실패인가를 구분한다고 하는 것은 매우 힘든 것이다. 왜냐하면, 협상의 결과가 협상 타결 후에 즉시 나타나는 것이 아니고 경우에 따라서는 상당히 오랜 시간이 지나서 그 결과가 나타나는 것이 매우 많다. 협상의 타결을 볼 때와 그 협상을 시행하면서 여러 가지 요인으로 변화가 많이 일어날 수가 있다. 남녀가 누구나 좋아서 만나고 심지어는 결혼을 하고도 그 결혼이 잘된 결혼인지 못된 결혼이지는 아무도 알지 못하는 것이 사실이다. 왜냐하면, 누구나 좋아서 만나고 또 결혼을 하지만 최소한 결혼은 10년은 살아보아야 그 상대방에 대해서 또는 두 사람의 공동 운명에 대한 결과가 나오는 것이다.

　마찬가지로 협상도 역시 그 결과가 나오기까지는 상당히 많은 시간이 있는 것이다. 협상이라고 하는 것은 어느 일방이 강제적으로 주장하여서 진행되고 또 합의에 이르는 것이 절대로 아니다. 또 협상이 타결이 안 되고 진행하다가 도저히 상대방의 요구를 수용하지 못할 경우에는 마치 무술에서 상대방과 싸우다가 자신이 질 것 같으면 도망가는 것이 가장 현명하다고 하는 전략이 있듯이 상대방과 타결 지으면 오히려 불리하다고 하는 생각이 들면 그 협상은 과감히 포기하는 것이 현명한 것이다.

이런 이유에서 모든 협상은 나름대로 서로가 만족하여서 타결을 짓는다고 하는 것이 일반적인 협상의 이론인 것이다.

또한, 협상을 타결지을 때는 매우 불만 불만스러운 것 같은 협상도 시간이 지나면서 아주 대 만족스러운 결과가 나오는 협상이 도출되는 경우도 있다.

이렇듯이 남녀가 연애를 하면서 미혼남녀인 경우에 서로 좋아서 결혼까지 하는 경우라면 일단 서로 결정하고 난 다음에는 절대로 후회하거나 상대방에 대해서 불만스러운 요소를 지적하는 것은 결국은 자신의 안목에 문제가 있음을 시인하는 것이다.

마찬가지로 협상도 원론적으로는 서로가 책임을 지고 협상한 결과에 대해서 일단 합의한 이상 그 협상을 충실히 수행하는 것이 매우 중요한 요소이다. 남녀가 좋아서 결혼한 후에 자신의 아내나 남편보다 다른 사람들이 더 멋지고 좋아 보인다고 생각하면 어쩌겠는가?

흔히 말하는 표현으로 도로 물릴 것인가?

이것은 안 되는 것이다.

그러기에 일단 모든 협상은 성공한 것이다. 라는 생각을 가지고 있어야 한다.

만족스럽지 못하면 끝까지 점검하고 상대방에게 수정을 요청하는 정신으로 협상을 하여야지

협상을 마치고 나서 후회하는 것은 어리석은 일이다.

핵심포인트

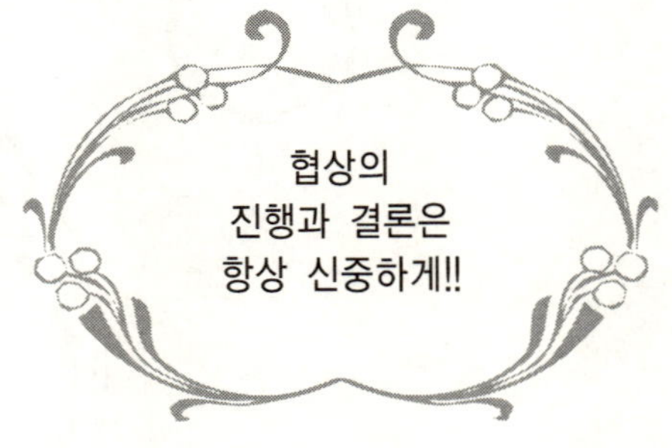

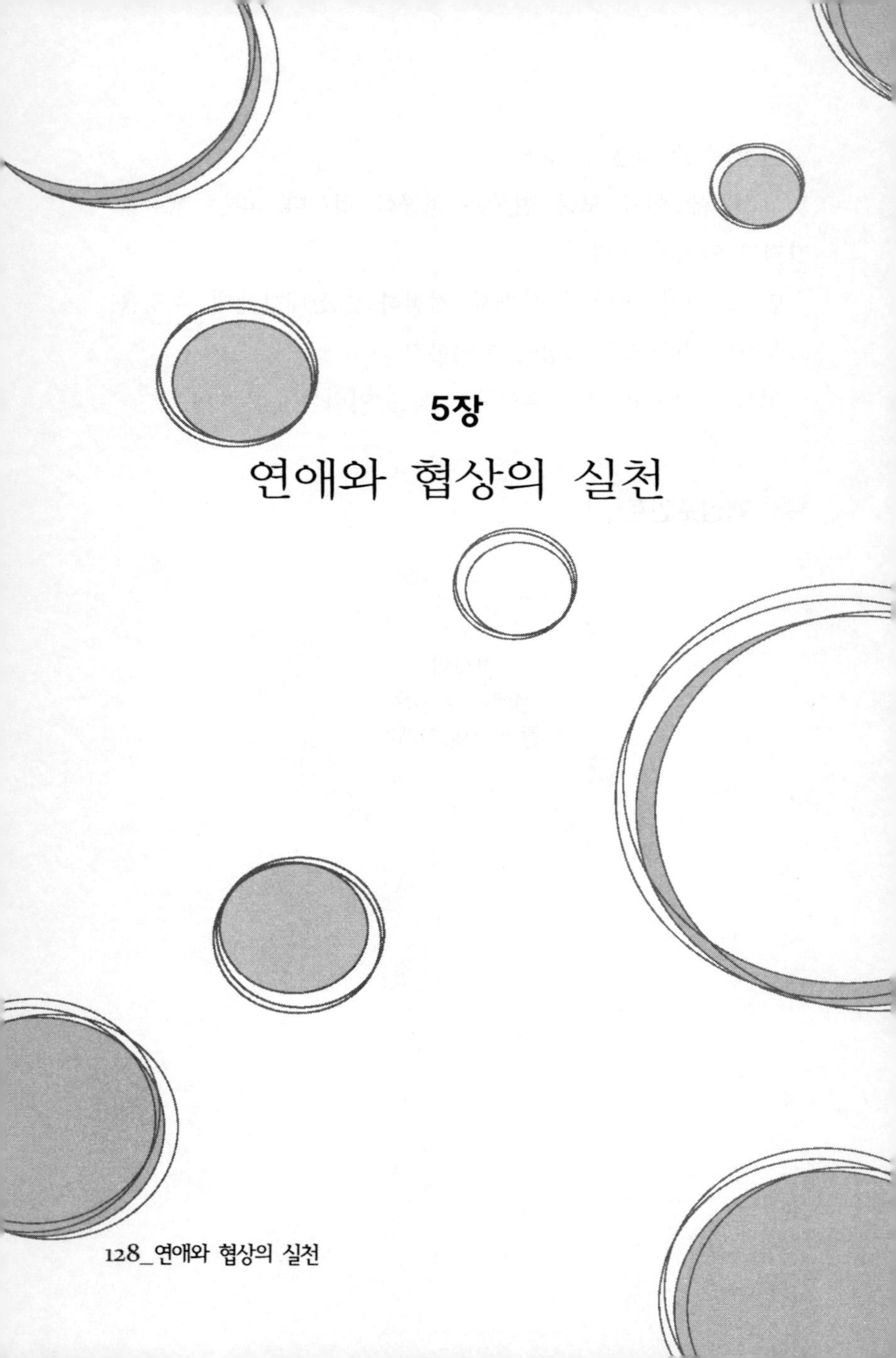

5장

연애와 협상의 실천

1
연애에서 양다리 걸치기

영어 숙어에 sit on a fence가 있다. 직역을 하면 담장에 앉아 있다. 그러니까 다리가 양쪽에 한 개씩 내려져 있기 때문에 중간에 있는 것이다. 즉 상황에 따라서 자신이 유리한 쪽으로 아주 쉽게 선택해서 뛰어내린다는 것이다. 인기가 좋은 사람은 아마도 많은 이성으로부터 러브콜을 받는다.

유명한 스포츠 스타가 여러 구단으로부터 스카우트 제안을 받아서 여러 제안을 비교 검토한 후에 자신의 거취를 결정하는 것이다. 결국은 어떤 의리와 명분도 중요하지만, 최종적으로 실리를 따지는 것이다. 사람이 어떤 일을 하다가 외골수로 한 가지 길만 따라가다가 그 길에서 어떤 암초를 만나거나 더 이상 나아가지 못하면 그것은 아주 여러 가지로 힘든 상황을 맞이하는 것이다. 그러므로 연애도 한 남자 한 여자만 따라다니다가 자신과의 생각과 다르게 상대방으로부터 거절을 당하면 가슴의 상처가 매우 큰 것입니다. 유행가 제목에 "일편단심 민들레야"라는 제목도 있습니다. 아주 좋은 것입니다. 평생 한 남자 한 여자가 죽을 때까지 사랑하는 것처럼 아름다운 일도 없습니다. 그러니까 결혼하고 정말로 이혼하지 않고 백년해로하는 것이 가장 큰 복이 될 수도 있습니다. 그러나 연애하는 과정은 다른 것입니다. 한 사람만 보면 눈이 멀 수 있습니다. 물론 눈이 먼다고 하는 것은 아주 푹빠지는 것이기에 때로는 상대방의 큰 단점도 못 보아서 결국에는 큰 후회를 하는 수가 있기도 하기에 때로는 상대방을 객관적으로 바라보고 때로는 냉정한 시각도 필요한 것입니다.

그래서 자신이 객관적이지 못할 경우가 많아서 때로는 어떤 사람을 만나는 동안이라도 다른 사람으로부터 러브콜이 온다면 역시 만나서 허심탄회하게 만나 보는 것도 아주 중요한 연애전략입니다. 이런 것을 두고 양다리를 걸친다고 하면서 비난하는 것은 별로 바람직하지 않습니다. 그런데 이럴 경우에는 만나는 상대방에게 나는 당신만 만난다고 하는 인식을 심어주는 것이 매우 중요한 전략입니다. 필자는 인기가 없어서 한 번도 이런 일이 없었고 앞으로도 이런 상황은 없으리라고 생각하는데 과거에 보면 인기가 있는 사람은 양다리가 아니라 삼다리 사다리도 하는 사람도 있는 것을 보면 참 재주가 좋군 하는 생각이 듭니다. 양다리가 발전하면 사다리를 타는데 욕심이 과하면 사다리를 타다가 사다리에서 미끄러져서 크게 다치는 수가 있으니까 조심하시기 바랍니다.

　결론적으로 연애에서 양다리를 적극적으로 추천하는 것은 아니지만, 상황에 따라서 양다리로 쌍방을 좀 더 이성적으로 관찰하여서 판단하는 것도 아주 좋은 연애 전략입니다. 그런데 이런 양다리, 삼다리, 사다리, 오다리 등등을 타는 사람들은 바람둥이라고 표현하는데 바람둥이라는 말을 듣는 것은 아주 능력이 있다고 하는 표현입니다. 열 여자 싫은 남자 없고 열 남자 싫은 여자 없는 것이 인간의 본성인데 어쩌겠습니까? 능력이 있는 남자는 나이가 육십 살이 되어도 이십 대의 어린 아가씨를 공공연하게 애인으로 함께 다니는 것이 현실입니다. 도덕성이 어쩌고 하면서 비난하지 말고 각자 능력이 있으면 멋진 인생을 살기 위해서 멋진 연애 하세요. 남이 하면 불륜이요 내가 하면 로맨스라고 합니다. 그 말이 진리입니다. 각자 시각이 틀리는 것입니다.

　어떤 사람은 한국에는 본부인이 있고 중국에 가서는 중국의 어린 애인이 있고 또 미국에는 미국의 애인이 있어서 여러 나라에서 사업을 하면서 애인을 두고 사는 사람도 있을 수 있습니다. 연애에는 나이는 숫자에 불과한 것입니다. 능력이 있는 사람은 양다리도 충분히 하는 것입니다. 그러나 양다리 걸치다가 사고를 당하면 크게 당하니까 항상 조심하시기를 바랍니다. 스릴을 만끽 할 때는 그만큼 위험성도 내포하고 있음을 인식하고 자신의 일에 자신이 책임지는 자세가 있어야 한다고 생각합니다.

2
협상에서 대안의 준비

　　과거에 노사 분규가 극심하던 시절이 있었다. 그 당시에 노사분규 대부분은 노사간 임금의 갈등으로 인해서 노동자들이 다수 힘으로 법을 어기면서 불법파업을 하던 시절이 있었다. 그렇게 되면 불법파업을 하는 해당 회사의 매출이 격감함은 물론이고 거래처의 피해가 엄청난 것이다. 산업이라고 하는 것은 모두 다 물고 물리는 관계로 인해서 하나의 회사가 문제가 생기면 그로 인해서 부작용이 계속이어서 연결되는 것이다.

　　그 당시 대기업의 공장은 부품회사를 한 개의 회사만 집중하여서 거래하던 관행이 있었는데 그런 불법 파업으로 인해서 한 개의 부품만 제대로 공급이 안 되어도 결국은 통합 제조공정이 멈추는 것이다. 그러므로 완성품이 생산이 안 되면 대기업은 물론이고 결국은 그 대기업에 부품을 공급하는 수많은 회사가 모두 막대한 피해를 보고 또 그 제품을 기다리는 소비자들도 역시 피해를 보는 것이며 이로 인해서 관련

소비와 생산이 문제가 되면 결국은 경제의 흐름에 큰 문제가 생기는 것이다. 이렇듯 경제라고 하는 것은 아주 복잡한 것이다.

여기서 문제는 무엇인가? 결국은 부품 공급업체의 독점성에 문제가 있는 것이다. 그래서 그 후로부터 대기업체는 동일한 부품에 대해서 복수 공급업자 시스템을 도입하기 시작하는 것이다. 바로 대체안으로 영어로 alternative이라고 하는 것으로 협상을 잘할 수 있는 정말로 중요한 요소가 바로 대체안인 것이다.

연애를 하다가 만나던 사람이 떠나가면 다른 사람이 있다고 하면 가슴이 덜 아플 것이며 다른 사람을 통해서 허전한 가슴을 채울 수 있다. 협상에서는 항상 결렬이 될 가능성이 있다는 가정을 하고 이 협상이 성사되지 못하면 다른 대체안 즉 대안이 있는지 검토하여야 한다. 대안이 없이 협상에 임하면 항상 수세에 몰리고 상대방의 공격에 대해서 불안감을 느끼며 자신의 요구를 다 하지 못하는 아주 불리한 상황을 가지고 협상을 하는 것이다. 대안의 개념은 스포츠에서도 적극적으로 매우 중요한 개념이다.

주전 선수가 경기에 나가서 부진하면 교체선수를 투입하는 것이 중요한 것으로 교체선수가 잘해서 승리하는 경기도 매우 많으며 특히나 야구에서 투수가 자신이 몇 가지 구질을 가지고 있는데 직구가 안 통하면 커브나 슬라이더로 다른 구질로 승부를 해서 아웃카운트를 잡아내는 것이다. 아무리 강속구 투수라도 선발투수가 되지 못하고 마무리나 중간투수로 뛰는 투수 중에 구질이 다양하지 못해서 여러 타자와 오랫동안 승부를 못해서 선발투수가 되지 못하는 경우도 있는 것이다.

그러기에 협상력(Negotiation Power)의 요소 중에는 대안이 매우 중요한 것이다. 흔히들 구매자가 유리한 것으로 생각하기 쉬우나 기업 간의 거래에서는 오히려 구매자가 판매자보다 더 불리한 경우가 있다. 첨단 제품이나 품질이 우수한 부품인 경우에는 판매자가 상당한 협상력을 갖추고 있는 것이다. 그러므로 이런 경우에는 다른 회사를 발굴하고 한 회사와 비교하여서 한회사와 협상이 결렬되더라도 다른 회사와 협상을 할 수 있는 상태에서 협상하는 것이 협상의 아주 기본적인 공식이다. 그러므로 협상이라고 하는 것은 정보를 누가 더 많이 가지고 있는가 하는 정보의 게임이다. 요사이 결혼정보회사라고 하는 것이 성업 중인 것을 생각해보면 결혼은 인륜지대사니 또는 결혼은 연분이 있어야 한다느니 하는 개념은 아주 오래된 이야기로 들린다. 결혼을 서로 간의 조건과 정보를 주고받는 비즈니스로 전락한 지 오래된 것이다. 그런 경로를 통해서 결혼하는 것은 일종의 우선적인 상대방이 품성과 내면의 세계는 뒤로하고 우선 학벌, 외모, 취미, 소득 등 이런 조건을 따지고 서로 간에 조건이 맞는지 확인하고 조건이 어느 정도 맞으면 거래를 위해서 서로 만나서 탐색전을 하는 것을 보면 상품을 사고파는 비즈니스와 별로 다를 바 없다.

또한, 조건이 좋은 사람은 그 사람을 보기 위해서가 아니라 그 조건을 위해서 수많은 상대방이 줄을 서서 기다리고 있는 것을 보면 순수한 결혼이 아니라 완전히 비즈니스인 것이다. 그래서 조건이 좋은 사람은 마치 골동품 경매를 하듯이 경매에 붙여져서 더욱더 좋은 물질 조건을 내세워서 그 조건 좋은 사람을 잡으려고 난리를 치는 것과 무엇이 다른가? 그래서 흔히들 가짜 판사. 검사, 의사. 박사 등의 사기 사건이 판을 치는 것이다. 하루아침에 그런 사람의 사모님이 될 수 있을 것이라는 허황된 유혹에 빠져서 검증도 안하고 사기를 당하는 것이다.

마찬가지로 비즈니스 협상도 거래처의 정보를 정확히 파악하는 것이 매우 중요한 것이다. 과연 그 거래처가 신뢰 할 수 있는 것인지 또한 그 회사 제품이 검증된 것인지 하는 철저한 정보를 모아야 한다. 과거에 필자가 경험한 사례를 보면 외국의 한 회사의 첨단 기계제품을 공급하겠다는 제안에 어느 대기업에서 계약하였다. 물론 기존의 기계와 다른 방법으로 가동하는 것인데 그 기계에서 나오는 제품은 기존의 제품과 같은 생산물이 나온다고 하는 제안서인데 그 기계 가격이 더 싼 이유에서 그 제품을 사기로 공급하고 또 기계가 들어와서 설치하였다. 그런데 문제는 그 기계가 제대로 가동되지 않아서 난리가 난 것이다. 한마디로 사기를 당한 것이다. 그래서 그 건을 해결하는데 엄청난 돈이 들고 결국은 크게 사기를 당한 사건이 있었다.

이렇듯 잘못된 정보로 인해서 당하는 피해는 매우 심각하며 가격이 싼 것에 현혹되어서 엄청난 대가를 치른 것인데 그 사기꾼 회사는 스위스였다. 그래서 스위스라는 나라에 대한 필자의 인식은 별로 좋지 않다.

연애나 비즈니스 협상이나 검증은 정말로 중요한 것이며 그런 검증을 위해서 다양한 정보를 모두 이용하는 전략이 필요한 것이다.

어떤 여자는 수년간 사귀던 남자가 있었는데 어느 날 좋은 조건에 중매가 들어와서 선을 보고 결혼을 하였는데 결혼하고 보니까 물질적으로 부유한 남자인 줄 알았는데 결혼하고 보니까 처음 들었던 사실과 다른 일도 있는 결혼을 하는 경우도 있었다. 그 여자는 남자와 결혼을 한 것이 아니며 오로지 돈을 보고 결혼하다가 결국에는 스스로 인생을 이상하게 살아가는 것이다. 그러다가 결국은 성격차이가 어쩌고 하면서 이혼하여서 헤어지는 경우가 있다.

그런가 하면 반대인 경우도 있다. 수년간 사귀어서 결혼을 약속한 사이인데 대학교를 졸업하고 좋은 회사에 들어가서 성공 가도를 달리니까 돈 많은 집안 딸의 중매가 들어오고 그러니까 애인을 버리고 다른 여자하고 결혼하는 경우는 어렵지 않게 주변에서도 볼 수 있는 것이다. 이런 상황을 당한 어떤 여자는 약을 먹고 자살을 시도하였으나 다행히 죽지 않고 배신한 그 남자를 원망하는 경우도 있었는데 그 배신한 남자의 말로가 아주 나쁜 것을 필자의 주위에서 보고는 인생의 순리가 무엇인지 깨닫게 하는 경우가 있다. 그래도 어쩌겠는가? 연애와 협상의 실패는 없다고 긍정적으로 생각하면서 새로운 사람을 찾아서 새롭게 시작하여야 하지 않겠는가? 어차피 결혼은 하늘의 뜻으로 생각하고 떠난 사람을 원망하지 말고 오히려 잘살라고 기도하는 것이 더 멋진 사람이 아니겠는가? 협상도 마찬가지이다. 어제까지 일이 잘되어서 오더를 수주할 것 같았는데 거래처 사장의 친구회사에서 밀고 들어와서 다된 오더를 빼앗기고 망연자실 하는 사례도 부지기수로 많다. 이런 경우라도 진정한 협상가는 그 회사에게 어떠한 원망도 하지 말아야 하며 부드럽고 웃는 얼굴로 찾아가서 다음 기회에 다시 한 번 최선을 다해서 일을 하겠다고 하는 것이 진정한 협상가이다. 인생과 연애와 협상은 눈앞의 이익도 중요하지만 멀리멀리 보고 나아 갈 때 진정한 승리자가 되는 것이다.

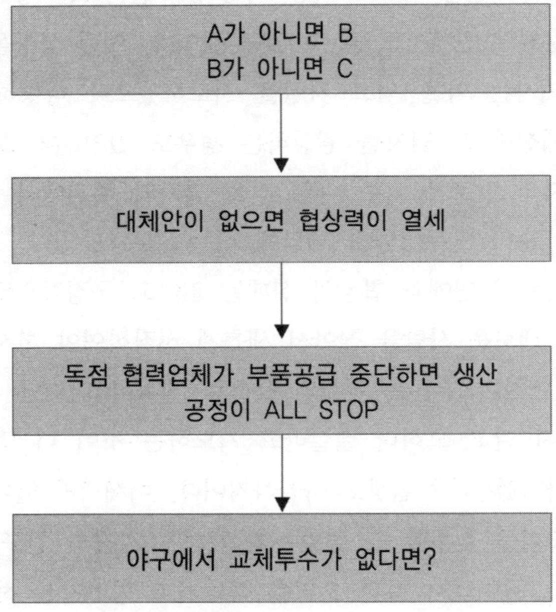

A가 아니면 B
B가 아니면 C
대체안이 없으면 협상력이 열세
독점 협력업체가 부품공급 중단하면 생산 공정이 ALL STOP
야구에서 교체투수가 없다면?

저주하는 여인

당신이 나를 사랑한다고 하여
나는 당신에게 사랑을 느끼며
행복한 앞날을 상상하며
한없이 기뻤지요.

당신은 나의 꽃과 당신의 곁에
둔다는 아름다운 절차도 없이
나를 사랑한다는 이유로
나는 당신을 믿은 죄로

당신은 나의 꽃과 향기와 꿀
모든 것을 향유하며
이미 그 꽃을 당신의 것으로 만들었네

우리의 화려한 날을 얼마 앞두고
당신이 자랑스러워
내가 세상에서 가장 친한 꽃에게
당신을 자랑하기 위해
함께 만났건만

당신은 돌연 마음이 변해서
나의 꽃을 껵은 당신은
나의 우정의 꽃을 유혹하여
그 꽃마저 나의 꽃을 껵듯이
껵어버렸네

옛날에 꺾은 꽃은 시들었다고
모진 천둥이 몰아치고 비바람 불던날
당신방에 있는 화병의 꽃을 갈기위해
무참하게 쓰레기통으로 내동댕이쳤네

나의 꽃이 있던 자리에
나의 우정의 꽃이 꽂혀있고
창문 너머에
우정의 꽃을 향유하는 당신을
쓰레기통속에서 보아야만 하였네

사랑도 사라지고 우정의 꽃도 떠난
시들은 꽃은 쓰레기통속에서
썩어 없어지려고 하였으나
한을 품은 꽃은 썩지 못하고

당신과 새꽃이 잠들고 있는
얼마전에는 우리의 사랑의 보금자리가 되기로
약속한 장소이지만
이제는 나에게 한 맺힌 자리가 된 곳으로
함께 잠들고 있는
우정의 꽃봉오리와 당신의 목에
나의 저주의 뿌리가 뻗어나가
영원히 감아버리리라

저주의 뿌리가 감긴 그대들은
영혼은 없어졌으나 육신은 썩지 못하는
고통으로

황량한 들판에 내동댕이쳐서
매서운 찬바람의 차갑고 아픈 고통을
밤낮으로 뼛속 깊숙이 당하는
아픔을
황량한 벌판에
찬바람이 불지 않는 그날까지
맛보리라.

이 사연에서 협상의 교훈을 얻을 수 있는 것은 모든 일이 성사되기 전에는 즉 계약서에 서명을 하기 전에는 아무리 친한 사람일지라도 함부로 협상의 진행상황을 알려서는 안 되는 것이다.

3
연애에서 이별을 할 때

　유명한 가수 패티김의 노래 중에 이별이라는 노래가 있다. 평생 독신으로 사는 사람도 있는데 어떤 사람은 결혼을 몇 번씩 하는 사람도 있다. 누가 더 행복한지는 알 수 가 없다. 결혼하였다고 행복하고 안 하였다고 불행한 것은 아니다. 다만, 어떤 인생을 사는가가 더 중요하고 결혼을 안 하면 자유롭게 연애를 더 많이 잘 할 수 있지 않은가?

> 이별
> 어쩌다 생각이 나겠지 냉정한 사람이지만
> 그렇게 사랑했던 기억을 잊을수는 없을거야
> 때로는 보고파지겠지 둥근달을 쳐다보면은
> 그날 밤 그언약을 생각하면서
> 지난날을 후회할거야
> 산을 넘고 멀리멀리 헤어졌건만
> 바다 건너 두 마음이 떨어졌지만
> 어쩌다 생각이 나겠지
> 냉정한 사람이지만
> 그렇게 사랑했던 기억은 잊을 수는 없을 거야

얼마나 멋진 가사인가? 이별의 미학을 잘 담고 있는 가사라서 크게 히트한 노래로 평가된다.

가끔은 연예인들이 서로가 이혼을 하면서 기자회견을 하는 경우가 있다. 서로의 앞날의 행복을 기원하며 헤어지고도 좋은 친구로 남겠다고 하는 것이다. 외국에는 이혼하고 전 남편과 전 아내의 결혼식에 참석하여 축하해주는 경우도 있다. 한국에서도 그런 사람이 있다. 그런가 하면 헤어지면서 서로 고소를 해서 법정에 가서 원수로 얼굴을 대하는 경우도 있다. 이래서는 안 되는 것이다. 연애에서 헤어질 때도 서로가 좋은 일만 기억하고 상대방의 행복을 빌어주며 상대방 가슴을 아프지 않게 해야 한다.

4
협상에서 결렬이 될 때

야구에서 아무리 유능한 타자라고 하여도 3할을 넘기기가 힘이 든 것이다. 그리고 홈런타자도 홈런숫자보다 더 많은 삼진 아웃을 당하는 경우도 있다. 그리고 솔직히 독자분들도 한번 생각해보시면 어떨까요? 여러 가지로 여인을 접근하기 위해서 여러 가지로 작업을 시도한 적이 있었을 것입니다. 없다고 하면 글쎄요? 별로 인생의 의욕이 없는 것이 아닐까요?

그리고 물건을 팔려고 노력하는 입장에 있는 분들도 아마도 제품 판매 문의하는 수가 얼마나 되어야 물건을 하나 팔까요? 제품에 따라서 다르지만, 물건을 못 팔고 그저 문의로 끝나는 경우가 더욱더 많습니다. 이렇듯이 모든 거래 역시 협상이 결렬이 되는 것이 많습니다. 과거에는 일반가게에서 아침 일반손님이 여자이면서 들어와서 물건을 사지 않고 나가면 아침부터 여자가 재수가 없다고 하면서 소금을 뿌리는 사례도 있었습니다. 아마도 요사이는 그렇지 않겠지요. 그리고 아침 첫 손님에게는 별로 남는 것이 없더라도 싸게라도 파는 사례도 있었습니다. 이렇듯이 모든 거래에서는 타결보다 부결이 더 많은 것입니다. 그렇지만, 협상이 타결이 안 되더라도 상대방에게 최대한 예의를 갖추고 감사의 기회를 전하면서 다음의 기회를 가지는 것이 매우 중요합니다. 겸손하게 서로가 노력하였는데 이번에 함께 일하지 못하게 되어서 아주 죄송하다고 깍듯하게 인사를 하는 것이 정도입니다. 비즈니스에서는 영원한 친구도 영원한 적도 없는 것입니다. 헤어졌다가도 서로가 득이 되면 다시 만나서 함께 일을 하는 것이 비즈니스 세계입니다. 그리고 일반 가게라고 할지라도 물건을 구경만 하고 다시 돌아가는 손님에게 역시 친절하게 인사하는 것이 기본입니다. 그리고 사람이 상대방의 입장을 받아들이는 것은 정말로 서로가 웃고 행복한 상태이지만 서로 거절한다고 하는 것은 쉬운 일이 아니어서 속마음은 불쾌하지만, 겉으로는 환하게 웃으며 상대를 서로 위로하는 여유를 가지는 사람이 진정한 협상가이고 또한 비즈니스맨의 자격이 있는 것입니다.

5
뛰어난 바람둥이

　여러분 중에 바람이라는 단어의 뜻을 어떤 의미로 알고 계신가요? 흔히들 바람하면 영어로 wind로 알고 계시겠지요. 그러나 여러분 중에 국어사전을 가지고 계신 분이 몇 분이나 계시나요? 영어사전은 몇 개씩이나 있으면서도 국어사전은 없이 공부하시는 분이 너무나 많습니다. 요사이 영어, 영어 하는 한국인데 영어를 못하는 이유가 첫째가 국어를 못하기 때문입니다. 바람이라는 단어가 들어간 말 중에 아래의 의미를 점검하려고 합니다.

① 동쪽에서 바람이 불어온다.

② 저 친구 요사이 바람이 들었나 봐

③ 당신 수상해 또 바람피우는 것 아니야?

④ 바람몰이식 선거유세

⑤ 노래 제목에 바람, 바람, 바람

　국어사전에 보면 바람을 찾아보면 "바람이라는 의미로 허황된 생각에 들뜬 생각을 하다, 어떤 대상이나 이성에 들뜬 마음이 들다" 라는 의미가 있습니다.

결국은 바람피우다라는 의미는 공기를 공중에 이동하는 바람을 불러일으키는 것이 아니고

"한 이성에만 만족하지 아니하고, 몰래 다른 이성과 관계를 가지다." 라는 의미입니다. 그러니 한 이성과 사귀는 것은 지극히 인간으로 당연한 것인데 여러 이성과 동시에 사귀는 것은 바람피우는 것입니다. 그러니 이런 행위를 하는 사람은 바람둥이입니다.

그러니까 결혼을 하지 않은 미혼인 사람들이 애인을 두고 다른 이성과 사귀는 것도 바람피우는 것이 맞다고 보아야 합니다. 다만, 법적으로 책임이 없습니다. 그런데 바람둥이의 첫째 덕목은 모든 이성에게 오로지 그 바람둥이가 그 이성만 만나고 그 이성을 위해서 최선을 다한다고 하는 연기에 능숙하다고 하는 것입니다. 즉 고객관리를 잘하는 것입니다.

만일에 남자가 바람둥이라고 하면 만나는 각각의 여자의 특성을 잘 파악하여서 각각의 여자들에 호감을 느끼도록 만나는 여자로 하여금 만족할 만한 만남을 유지한다고 하는 것이다. 물론 필자의 경험은 절대 아니다. 그만한 자격도 없고 매력도 없는 사람이다. 오해는 하지 마시기를 요청한다. 아무튼, 바람둥이는 고객관리를 잘하는 것이다. 현재 있는 여자도 떠나지 않게 잘 관리하면서 늘 새로운 여자를 찾아

나서는 것이다. 솔직히 이런 남자를 비난할 것인가? 아닐 것이다. 남자들은 모두 다 부러운 눈으로 바라볼 것이며 여자들은 이런 남자는 절대로 만나지 않겠다고 하면서도 이런 남자의 레이더 망에 걸리면 역시 낚일 가능성이 많은 것이다. 왜냐하면 바람둥이는 프로이기 때문이다. 수많은 여자를 만나면서 나름대로 여자에 대한 분석과 성향을 다 파악하여서 바람둥이는 다양한 여자를 여자 나름대로 다른 전략으로 공략을 하는 것이다. 철저한 고객관리와 고객에 따른 차별화된 서비스 정신으로 다양한 여자를 만나서 즐거운 인생길을 살아가는 것이 바람둥이 세계인 것이다.

그런데 아마도 바람둥이가 처음부터 바람둥이가 되려고 한 적은 별로 없을 것이다.

한 여자를 만나서 한 여자의 마음을 홀리기 시작하면서 차차 그 기법이 축적이 되는 것이지 어느 날 갑자기 수많은 여자를 동시다발로 만나서 건수를 올리는 것은 아닌 것이다.

한 여자 그리고 또 한 여자 그렇게 한 것이 수많은 여자를 자신의 애인으로 만들어서 남자로서 세상을 살면서 기쁨을 누리고 사는 것이다.

남자 옆에 여자가 없으면 얼마나 삭막한가? 앞에 여인이란 글에도 다 표현한 적이 있는 것이다. 결론은 바람둥이로 입문하고 싶으면 한 여자를 확실히 정복하고 그런 다름에 그 여자를 놓치지 말고 다른 여자를 물색하는 것이다. 물론 새로운 여자를 만드는 에너지보다 기존의 여자를 관리하는 에너지가 덜 드는 것이므로 기존의 여자관리에 충실히 하면서 새로운 여자를 물색하는 것이 바람둥이 입문에 지름길이다. 모두 도전하시기를 권해본다.

6
뛰어난 협상가

　시중에 인맥관리와 관련된 책도 많이 있는 것이다. 세상살이라고 하는 것은 결국은 다양한 인간관계의 연속이다. 세상에 태어나게 한 부모와의 만남도 결국은 인간관계이고 그래서 부모형제 친척, 학교, 사회생활 등등의 모든 만남이 결국은 인간관계이다. 인간의 경제 활동은 모든 것이 인간관계를 바탕으로 이루어지는 것이다. 모든 비즈니스는 결국은 사람이 시작하고 사람이 마무리하는 것이다. 마치 최첨단 무기의 전쟁에서도 결국은 육군 보병이 진격해서 승리의 깃발을 꼽아야 하는 것과 같은 것이다. 아마도 개인이 똑같은 일을 해서 가장 보수가 많이 차이가 나는 것이 진정한 프로세일즈 세계인 보험과 자동차 판매업종이라고 생각된다. 억대연봉을 올리는 세일즈맨이 많이 있다. 그런데 그 사람들의 비결은 무엇일까? 여러 가지 있겠지만, 성실성과 상품에 대한 지식과 고객관리라고 한다. 진정한 프로인 것이다. 최고의 세일즈맨도 처음에는 그런 업종에 뛰어들어서 첫 고객을 만들기에 매우 어려움을 겪었다고 한다. 그러나 시간이 흐르면서 계속해서 뛰어난 실적을 올리는 것은 결국은 꾸준하고 성실한 고객관리에 있는 것이다. 비즈니스에서 수익을 창출하는 것은 결국은 사람을 통해서 하는 것이다.

대기업이라고 하는 것은 결국은 고객이 많은 업종에 뛰어들어서 고객을 많이 확보하는 기업이 대기업이고 수익을 많이 창출하는 것이다. 그러므로 뛰어난 협상가는 협상을 개개인에 초점을 맞추고 아울러 한번 잡은 고객을 떠나지 않게 효율적으로 관리를 잘하는 것이다. 일회성 고객으로 끝나면 마케팅을 하는데 비용이 너무 많이 드는 것이다. 그러므로 효율적인 협상가는 기존의 고객을 상실하지 않고 차곡차곡 새로운 고객을 확보하는 것이다. 고객관리라고 하는 것은 지극히 인간적인 일로 물론 관리에는 비용이 수반되지만 물질보다 인간적인 요소를 가지고 고객에게 접근하여야 하는 것이 원칙이다. 고객으로 하여금 감동을 주는 것이다. 부부간에도 부인의 생활을 망각하면 어떤 일이 벌어지는가?

부부라고 하는 것은 정말로 고객개념이다. 아무리 가까운 사이도 고객개념에서 출발하여야 하는 것이다. 그러므로 인간은 다 같아서 안 보면 멀어지는 것이다. 항상 고객으로 하여금 자신의 존재를 알리고 고객으로 하여금 아! 이 사람이 나를 생각하고 있구나 하는 것이 고객관리의 지름길이다. 그러기에 뛰어난 협상가는 각각의 고객에 따라서 정보를 수집하고 또 분류하여서 꾸준히 고객을 관리하는 것이다. 그러면 고객이 고객을 부르는 것이다. 입소문으로 그 고객을 관리하는 사람의 인기가 올라가고 소개가 이어져서 신규 마케팅 비용이 주는 것이다. 결국은 고객관리라고 하는 것은 고객을 위해서가 아니라 자신이나 자신이 속한 회사의 이익을 더욱 더 크게 창출하여서 회사가 발전하고 또 그 회사로부터 사회로 흘러나와서 돌아가는 이익금으로 인해서 사회 전체 즉 국가 경제 발전의 지름길이 되는 것입니다.

남편이 아내에게 잘하는 것은 결국은 다 함께 특히 요사이 한국에서 늙어서 아내에게 구박받지 않으려면 늘 아내에게 잘해야 하는 것이 순리입니다. 꾸준히 잘해주어야 나중에 늙고 힘이 없을 때도 아내로부터 버림받지 않습니다. 참 한국남자들 불쌍하지요?

꾸준한 고객관리가 비즈니스 성공의 입문입니다. 어렵게 생각하지 마시고 꾸준히 전화라도 한 통화 하는 습관을 통해서 관리하시기를 권합니다. 꾸준한 고객관리를 하여야 어떤 비즈니스를 하기 위해서 찾아가도 어색하지 않고 친근감이 생기는 것입니다. 집안 친척도 마찬가지입니다. 평소에는 전화 한 통화 없다가 자녀 결혼이나 다른 일로 연락하는 집안 친척도 결국은 환영을 받지 못하는 경우가 있는데 하물며 남남인 비즈니스 세계는 더욱더 냉정한 것입니다. 그래서 최고의 고객관리는 고객을 친구처럼 대하는 기술을 만드는 것입니다. 지극히 인간적인 만남으로 이끄는 기술이야말로 진정한 고객관리입니다. 우선은 사람과의 만남이 중요하고 그다음에 인간적인 바탕에 비즈니스가 중요한 것입니다. 인간적인 신뢰가 바탕이 되어야 서로가 비즈니스와 협상을 원활하게 할 수 있는 것입니다. 세상사에서 무슨 일을 하던지 서로간에 신뢰가 구축되지 않으면 작은 일이던 큰일이던 성공적으로 수행하기가 힘이 드는 것입니다. 협상이라고 하는 것은 결국은 쌍방이 하나의 결과를 도출하는 것인데 신뢰가 없으면 합의하는 것이 별로 의미가 없습니다. 합의해도 신의성실에 입각해서 서로가 득이 되는 결과의 공통된 목표를 위해서 업무를 잘 진행하여야 합니다.

연애나 협상이나 그 도구는 무엇이라고 생각하십니까? 아무리 좋은 음식 재료가 있어도 이것을 가지고 조리를 잘해야 멋진 요리로 맛있는 음식이 됩니다. 그런데 이상한 것은 똑같은 재료와 조리방법으로 음식을 하여도 음식하는 요리사에 따라서 그 음식이 다 맛이 틀립니다.

또한, 똑같은 목재와 연장을 가지고도 아주 다른 목재의 제품이 생산됩니다. 그리고 명필은 붓을 가리지 않는다는 말도 있습니다. 축구에서 같은 선수를 가지고도 감독이 경기의 전략전술에 따라서 이기기도 하고 지기도 하는 것입니다. 연애와 협상은 어떤 조건도 매우 중요하지만, 이것을 어떤 방법으로 활용하는 것이 더 중요합니다. 말 한마디로 천냥 빚을 갚는다고 하는데 이 말을 거꾸로 해석하면 한마디 잘못하면 천냥 빚을 진다는 의미입니다.

말 한 마디 잘못해서 사귀던 연인이 돌아서고 또 말 한 마디에 가슴에 상처를 주어서 우정이 깨지기도 하고 또 잘 나가다가 말 한 마디 실수에 큰 계약건이 다 성사되다가 깨지기도 하는 일도 현실적으로 있습니다. 그런데 이런 연애와 협상의 실행도구는 좀 더 학술적으로 말하면 협상은 Communication입니다. 그러니까 연애를 하던 협상을 하던 말을 얼마나 효율적으로 잘하는가가 성공의 관건입니다.

한번은 미국의 Atlanta에 출장을 가서 전시회장으로 가는 셔틀 버스를 타고 가는데 버스 옆자리에 서양의 비즈니스맨이 있기에 짧은 시간에 인사를 하고 명함을 주고받고는 보니까 제가 하던 일의 동종 업계의 영국회사 사장이더군요. 그리고 동종 업계의 미국회사 사장도 알고 있고 그래서 명함을 한 장 더 받아서 안부를 전해고는 한국으로 돌아와 보니 이미 그 회사 사장이 그 회사 카달로그를 보내면서 그 회사 한국의 대리점을 해달라고 하는 편지를 받고 쉽게 영국회사의 독점대리점을 딴 적이 있고 또 비즈니스를 한 적

이 있습니다. 말 한마디에 건수를 올리는 경우가 있는 것이
연애와 협상의 세계이기도 하는데 여기에서 중요한 것은 서
로간에 신뢰를 주는가 못 주는가에 핵심이 달렸습니다. 미국
에서 만난 사장도 제가 그 버스 안에서 제가 하는 일을 설
명하고 또 미국회사의 다른 사장이야기를 통해서 신뢰를 가
진 것으로 생각합니다.

연애와 협상의 도구는 말 다시 말해서 커뮤니케이션임을
인식하고 더욱더 노력하여야 하는데 커뮤니케이션의 의미는
자신의 뚜렷한 목적의 의사전달을 상대에게 효율적으로 전달
하는 것입니다.

표현하지 않은 사랑은 사랑이 아니라는 말도 있습니다. 마
음속에만 가지고 있어서는 안 되고 그 생각을 상대에게 효율
적으로 전달하는 것이 협상의 중요한 전략이며 무기입니다.

7
말

말

형체 없고 남지도 않는
그것이 무엇이기에

우리의 마음을

바꾸기도 하며
화나게도 하고
기쁘게도 하고
감동을 느끼기도 하며
슬프게도 하노라

짧은 한마디가
인생에서

용기도 주고
침울하게도 만들기도 하며
인생길을 바꾸기도 하네

그것은 우리의 마음을
전달하는 것인데
마음은 마술과 같아서
믿을 수 없는 사실이 언젠가는
눈앞에 현실로 나타나기도 하네

마술이란 왜 저렇게 될까 하고
논리적으로 풀 수는 없지만

믿어지지 않는 사실이
눈앞에 나타나는
불가사의한 것이라.

그 불가사의한 사실을
인정하는 것은

세상에 보이지 않는
신비한 힘을
믿는 것이요.
인정하는 것이라.

우리인생에서
마음을 전달하는
말을 통해

자신의 인생과
다른 사람의 인생을
크게 바꿀 수 있노라.

세상을 살면서
힘들고
지치고
자신감이 없으며
실패가 두려울 때는

이런 것을 이겨내는
말을 수없이
반복하면

자신에게
금보다 더 귀한 지혜가 생겨나
인생을 성공으로 가게 할지라.

8
용기

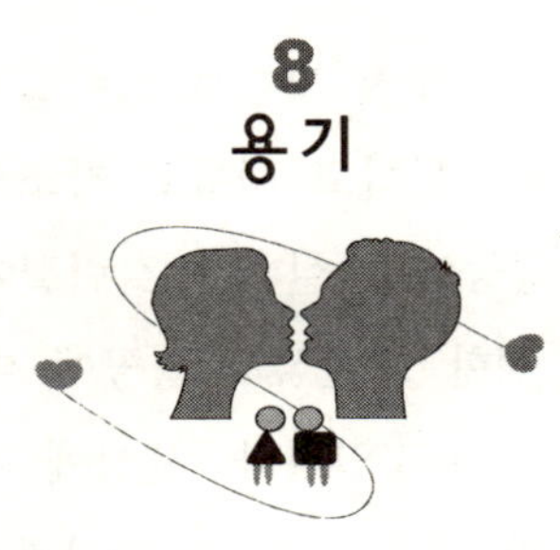

　이 세상에서 어떤 일을 한다고 하는 것은 모험입니다. 세상을 살면서 무난한 일을 하고 무난하게 사는 것도 아주 좋은 일입니다. 인생은 각자 모두다 서로 다른 가치관을 가지고 다른 길을 가는 것입니다. 그런데 요사이 한국의 젊은 청년들이 공무원 공부에 매달려서 목숨 거는 사람이 많다고 합니다. 시험 한 번에 평생을 보장하는 직업을 택하는 것입니다. 공무원은 결국은 국민을 위해서 봉사하는 직업입니다. 그런데 한국에서는 국민 위에 군림하는 공무원도 더 많았었고 솔직히 직위를 이용하여서 뇌물을 받고 부를 축적하다가 퇴직하고 법의 조치를 받는 사람도 있습니다. 그런데 이렇게 많은 젊은 사람들이 공무원에 목숨 거는 것은 국가발전을 위해서 바람직하지 못합니다. 창조적이고 모험심이 많은 일을 하는 청년들이 많아야 국가의 미래가 밝은 것입니다. 모험이라고 하는 것은 그 만큼 실패의 가능성이 있다는 것입니다.

　　결국은 성공을 해서 멋진 모습보다는 실패의 두려움 때문에 사람들이 도전하지 못하고 새롭고 창조적인 일을 못하는 경향이 있습니다. 성공이냐 실패냐 갈림길에서 선택의 결정은 자신의 미래에 대한 도전심과 성공에 대한 미래의 상상을 하면서 도전을 하는 것입니다. 세상에 어느 남자치고 미인을 싫어하겠습니까. 필자도 역시 마찬가지입니다. 미인박명(美人薄命)이라는 말도 있지만 이런 고사성어도 있지만 이 말은 다분히 미인을 질투해서 너무 흔하게 사용하는 것입니다.

　　미인은 하늘에서 타고 나는 복입니다. 미인들이 더 마음씨도 아름답고 이해심도 많고 동서고금을 막론하고 미인들은 좋은 남편 성공한 남편을 만날 가능성이 더 많은 것은 사실입니다.

　　흔히들 미인에게 다가가는 것 자체가 어찌 보면 쉬운 일이 아닐 수도 있습니다. 그러나 이럴 때 일수록 다 같은 사람인데 하는 배짱과 자세로 다가가야 합니다. 미인은 생각보다 남자들이 선뜻 접근하지 못하기 때문에 의외로 애인이 없는 경우도 있습니다. 설령 미인에게 다가가서 거절을 당한다고 해서 무슨 큰 창피가 아닌 것입니다. 홈런을 치려면 힘껏 아주 크게 스윙을 하여야 홈런의 가능성이 있습니다. 그런데 헛스윙의 가능성도 있습니다. 그런 실패의 가능성은 항상 있지만 그런 헛스윙을 통해서 또 홈런 치는 기회가 생기면 또한 헛스윙을 하게 되면 그런 상황을 충분히 검토하여서 다음에 또 멋진 스윙을 치는 밑거름이 되는 기회로 승화시키는 것입니다.

미인을 찾으려면 미인을 찾아서 가야 하며 미인에게 거절당하면 왜 거절당했는지 연구하여서 다른 미인에게 또다시 다가갈 때 보완할 것이 무엇인지를 매우 심도 있게 연구 보완하는 지혜가 필요한 것입니다.

필자가 무역회사 근무를 하면서 하였던 일 중 한 가지가 외국의 교육용 필름과 비디오 테이프를 한국의 교육기관에 보급하는 업무였습니다.

외국의 유수한 회사들인 BBC Enterprises Ltd., CORONET FILMS, Walt Disney Education Films, Open University Enterprises Ltd. National Film Board of CANADA 등의 회사를 한국의 독점대리점권을 회사가 가지고 있었으며 제가 업무를 하면서 미국에 CRM Films와 Aims Media라는 회사를 알게 되어서 그 회사들과 연락을 하여서 독점대리점 권한을 달라고 하였더니 단호하게 NO라고 거절하는 것입니다.

그 당시는 팩스로 업무를 주고받는 시절이며 외국여행 자유화도 안 되어서 미국출장가는 것 자체가 매우 영광된 일로 여기던 시절이었습니다. 필자 생각에 이 두 회사를 독점 대리점으로 확보를 하여야 하는 것이 매우 중요한 비즈니스의 기회이며 다른 회사에 넘어가서는 절대로 안 된다는 판단을 하였습니다. 그래서 고심 끝에 사장님께 저를 미국에 출장을 보내달라고 건의를 하였습니다. 저를 신뢰한 사장님께서 흔쾌히 승낙하시면서 다른 거래회사방문을 위해 여러 도시를 가보게 하고 출장비도 여유 있게 주고 호텔도 좋은 호텔로 예약하게 하여서 이 두 회사를 방문하게 되었습니다.

범을 잡으려면 범의 굴로 들어가라. 미인을 구하려면 용감하게 미인에게 다가가야 한다. 이것이 진리라고 믿고 있었던 저는 저의 능력을 믿고 용기를 내서 이 두 회사를 방문하여서 얼굴을 맞대고 협상을 끈질기게 하여서 결국은 이 두 회사 사장을 설득하여서 한국의 독점 대리점 계약서를 작성하고 이 두 회사의 사장의 서명을 받아서 한국으로 와서 사장님께 선물로 드리고 이 두 회사와 아주 좋은 관계로 오랜 시간 동안 비즈니스를 하였습니다. 그리고 회사를 퇴사하면서도 이 회사의 독점대리점을 그 회사에 보유하게 하여서 그 회사는 제가 없어도 이 회사의 한국독점 대리점권을 가지고 한국에서 비즈니스를 하고 있었습니다.

이처럼 상대가 거절을 하더라도 상심하지 말 것이며 상대가 유명도가 큰 회사라고 할지라도 위축되지 말고 당당하게 맞서는 용기가 필요하고 논리와 개인이 인정까지 총동원하는 전략으로 최선을 다하는 것입니다.

미인을 구하려면 용기를 가져야 하듯이 협상도 대어를 잡으려면 대어와 사투하다가 물에 빠져서 죽을 각오를 하고 도전하시기를 독자분들에게 강력하게 말씀드립니다.

지금이라도 길을 가다가 미인이 앞에 오면 다가가서 용기를 내어서 데이트 신청을 한번 시도하기를 요청합니다. 아마도 정신 나간 여인이 아니면 길에서 따귀를 때리면서 면박을 주지는 않을 것입니다. 만일에 따귀라도 때리면 그야말로 건수가 아니겠습니까?

비즈니스를 하다가 큰 건이 있으면 대시를 하여야 하는 것이지 처음부터 포기하면 아무런 기회조차 없는 것입니다. 축구에서 골을 넣으려면 슈팅을 하여야 하듯이 슈팅도 안 하고 수비만하면서 지면 정말로 이길 가능성이 전혀 없는 것입니다.

미인을 구하기 위해서 길을 가다가도 따라가는 용기로 협상도 실패를 두려워 하지 말고 용기를 내서 다가서시기를 기대합니다.

9
입술을 훔쳤다고?

앞에서 제가 "나에게 입술을 허락할 것 같은 여인"이란 글이 있습니다. 모든 현상에 통일된 생각이 있듯이 어떤 현상에 대해서 전부 찬성과 반대는 없습니다. 그래서 세상이 재미있는 것입니다. 흔히 웃자고 하는 문제 흔히들 퀴즈라고 하는데 몇 가지 퀴즈가 있습니다.

남자가 가장 좋아하는 술은?

여자가 가장 좋아하는 춤은?

남자가 가장 좋아하는 방은?

여자가 가장 좋아하는 통은?

남자가 가장 좋아하는 여름휴가 여행지는?

여러분은 어떤 술을 좋아하시나요? 소주, 맥주, 양주, 와인 등등 남자뿐만 아니라 여자들도 술을 좋아합니다. 술이라고 하는 것은 마술과 같은 것입니다. 술을 좋은 것인데 술로 인해서 수많은 실수하여서 음주운전하다가 인생을 완전히 망치는 사람도 있습니다.

술 조심해야 합니다.

여자가 가장 좋아하는 춤은 블루스도 있고 지르박도 있고 하지만 아무래도 입맞춤이고

남자가 가장 좋아하는 방은 안방도 있고 공부방도 있고 하겠지만 아무래도 유방이 아닌가요?

여자가 가장 좋아하는 통은 밥통은 아닐 것이고 아무래도 간통이 아닌지요?

남자가 가장 좋아하는 외국 휴가지는 방콕으로 방에 콕 처박혀 있는 것과 동남아로 동네에 남아 아기 보기도 있고 그런데 하와이가 있습니다.

하와이는 하루종일 와이프하고 이불 속에 있기도 있습니다. 그런데 이런 휴가시리즈는 술 시리즈와 함께 저도 들은 이야기로 지금 말하는 하와이와 위의 춤, 방, 통은 필자가 생각한 것인데 하와이는 하룻밤 와이프 친구하고 이불속에서 뒹굴기입니다.

다 아시다시피 남자가 가장 좋아하는 술은 입술입니다.

그것도 같은 입술만 좋아하는 것이 아니고 다양한 술을 맛보고 싶어하는 것이 남자의 본능이 아닌지요?

만일에 남자가 여자의 입술을 훔쳤다고 그 여인을 책임진다고 하면 아마도 어떤 남자는 일 년에도 여러 수십 명의 여자를 책임져야 하는 일도 발생하는 사람도 있을 것이라고 생각하고 거꾸로 여자가 남자에게 입술을 허락하였다고 하여서

책임지라고 하는 논리라면 어떤 여자는 자신을 책임져야 하는 남자가 일 년에도 여러 수십 명이 있을 여자도 있지 않을까 생각합니다.

글쎄 필자는 일 년에 한 명도 없겠지요. 여자에게 인기가 전혀 없으니까. 저는 술도 별로 마시지 않고 그저 맥주 한 두 병이면 아주 얼굴이 벌게지는 수준으로 여자 앞에서 부끄럼으로 얼굴이 벌게져서 여자 입술은 상상도 못하는 수준입니다.

여자의 입술은 여자의 진실을 파악하는 전초전이고 또 여자의 몸을 정복하는 예비단계로 반드시 거쳐야 하는 통과의례입니다. 그렇기 때문에 진실을 파악하기 위해서 매우 중요한 단계이지만 그렇다고 입술을 정복하였다고 하여서 책임지는 의식까지 간다면 정말로 너무 부담이 큰 남녀 간의 즐거운 쾌락을 잠시 맛보는 것이 아닌가요? 입술을 통해서 무언가 진실을 알고 또 입을 통해서 나오는 대화를 통해서 상대의 진실을 파악하기도 하는 것이라고 생각합니다. 또 남자가 너무 무분별하게 입술을 좋아하다가 술 마시고 음주운전하다가 망신당하듯이 아무 입술이나 좋아하다가는 역시 낭패를 보는 수고 있으니까 조심하시기 바랍니다.

그래도 입술은 좋은 것이라고 생각하는 분이 있겠지요. 각자 능력에 따라서 얼마나 많은 입술을 정복하고 사는지는 각자의 개인의 능력에 달린 것이므로 남자분들 개인의 능력을 키우고 다양한 입술 중에서 자신이 가장 좋아하는 입술을 최종 선택하시기를 권고합니다.

그리고 마음에 드는 입술이 없으면 또 다른 입술을 찾아 나서는 것도 중요합니다.

꼭 마음에 드는 입술이 없는데 무리하게 하나를 고른다고 하는 것은 미래에 후회하는 일도 있습니다. 좀 더 냉정하게 생각하시기를 바랍니다. 순간의 잠시 쾌락을 잊지 못해서 결정하면 일생을 두고두고 후회도 하는 일도 있습니다.

쾌락은 짧고 책임지는 기간은 오랜시간입니다.

순간의 쾌락으로 인해서 일생의 코를 꿰여서야 되겠습니까?

전혀 그럴 필요가 없습니다. 냉정한 판단이 요구되는 것입니다.

한 단계 더 발전해서 입술이 아니고 어떤 여자가 남자가 마음이 드니까 몸을 던져서 그 남자를 유혹하여서 그 여자의 몸을 가졌다고 하여서 그 여자를 꼭 책임질 이유도 없는 것입니다. 여자가 몸을 던지는데 받아 주지 않는다면 얼마나 비정하고 냉정한 남자인가요?

여자가 몸을 던지면서 다가오면 받아주어야 합니다.

그리고 나서 나중에 결정하여도 큰 문제가 있거나 비난받을 일을 하는 것도 아니라고 생각합니다.

10
거절하는 지혜

　비즈니스를 하다 보면 거래처로부터 다양한 제안이 들어온다. 우리 개인이 할인마트에 가더라도 여기저기서 시식행사하는 곳에서 시식을 해보라고 권하기도 합니다. 삼겹살, 쇠고기, 커피, 만두, 과자, 반찬 등등 다양한 시식을 하면서 부담 없이 맛을 보라고 유혹합니다.

　백화점에 가면 남성 정장코너를 돌아보면 여기저기서 들어와서 구경하고 안 사도 좋으니까 한번 입어보라고 권합니다. 양복코너에 가서 부담없이 입어 보는 것입니다. 눈으로 보는 것과 한번 입어보는 것은 아주 다를 수도 있습니다. 그리고 거울을 봅니다. 마음에 드는지 막상 입어보니까 저와 잘 어울리는지? 점검을 하는 것입니다. 그리고 "잘 입어 보았습니다." 하고 인사하고 벗어주면 되는 것입니다.

　그래서 앞에서 입술이야기 한 것인데 혹시 열 받은 여자 독자분들이 안 계실는지요?

혹시 이 글로 인해서 여성단체에서 들고 일어나는 것이 아닌지요?

여자의 신성한 입술을 마트의 식품처럼 비교하다니 하고 열받으시는 분이 안 계실는지요?

협상교육의 흥미와 또 딱딱함을 피하기 위해서 고민고민하면서 쓰는 글이 오니 여성분들께서 하늘보다 더 높은 아량으로 이해하여 주시기 바랍니다.

비즈니스를 하다 보면 여러 군데에서 각종 제품의 소개가 들어옵니다. 그런데 그런 제품의 소개서만 가지고는 판단이 불가능한 제품도 많이 있습니다. 그러므로 어떤 제품의 결정을 하기 위해서는 반드시 성능 시험을 철저하게 하여야 합니다. 비즈니스는 아주 꼼꼼하게 따져야 될 것은 따져야 합니다. 충분히 시험을 하는데 한군데만 시험하는 것은 형평성 차원의 문제가 제기되거나 오히려 한군데만 밀어주기로 하는 밀약이 있다는 오해의 소지가 있으므로 여러 군데의 제품을 공평하게 시험하여서 시험결과를 가지고 거래처와 업무회의를 통해서 결정하고 또 견적서도 받아서 검토합니다.

거래처로부터 뇌물은 받아서는 안 되나, 부득이 샘플 제품으로 반환이 불가능한 것은 무상으로 받아서 쓰고 돌려주지 않은 경우도 있습니다. 어차피 이런 샘플 받아서 다시 팔거나 하여서 어떤 이득을 취하지 못하는 경우이기 때문에 크게 문제가 안 됩니다. 그런 경우에 최종적으로 그 제품을 쓰지 못하겠다고 통보하여도 상법적으로 큰 문제가 아닙니다. 왜 살 수 없는지 회신을 하여 주는 것만도 그 거래처에게는 좋은 정보를 주는 것이오니 위의 설명에서 여인이 다가오면 거절하지 말고 예쁘고 다정하게 품어주세요. 그런 다음에 인생을 결정하여도 큰 문제는 아닙니다. 남녀는 평등합니다. 꼭 남자가 여인을 품는다고 생각하지 마시고 여인이 남자를 끌어당긴다는 개념에서 보면 남자가 여자의 유혹에 넘어가는 것이지요. 여자가 남자를 유혹하는데 남자가 넘어가지 않으면 여자가 얼마나 자존심이 상하겠습니까? 서로 한 번씩 끌어안아 보았다고 해서 책임 운운하는 것은 아주 오래된 생각입니다. 서로가 순간이라도 좋은 마음을 가지고 있다가 또 좋은 마음으로 헤어지는 것이지요. 거래처에서 샘플을 시험해달라고 하는데 아예 처음부터 거절하면 거래처에서 기회도 주지 않는 것에 대해서 두고 주고 원망합니다. 시험을 하는 동안에 거래처는 비즈니스가 될 수도 있다는 희망에 아주 행복한 마음을 가지는 것이며 그리고 시험결과가 마음에 들지 않으면 이런 점은 다 좋은데 하고 칭찬을 하면서 이런 점은 보완하여야 하기에 미안하다고 하면서 거절을 하고 또 다음에 기회를 보자고 하는 전략으로 거절하는 것입니다. 여인을 품고 나서 거절을 할 경우에도 당신은 정말로 멋진 분

인데 하면서 영원히 품을 수 없는 적절한 이유 즉 종교라던
가 등등의 이유로 상대의 가슴에 상처를 주지 않는 말을 하
면서 웃으면서 헤어지는 것입니다.

핵심포인트

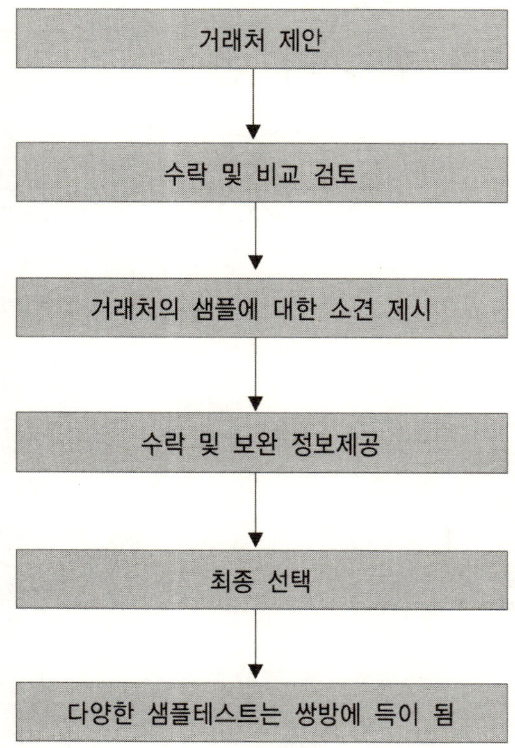

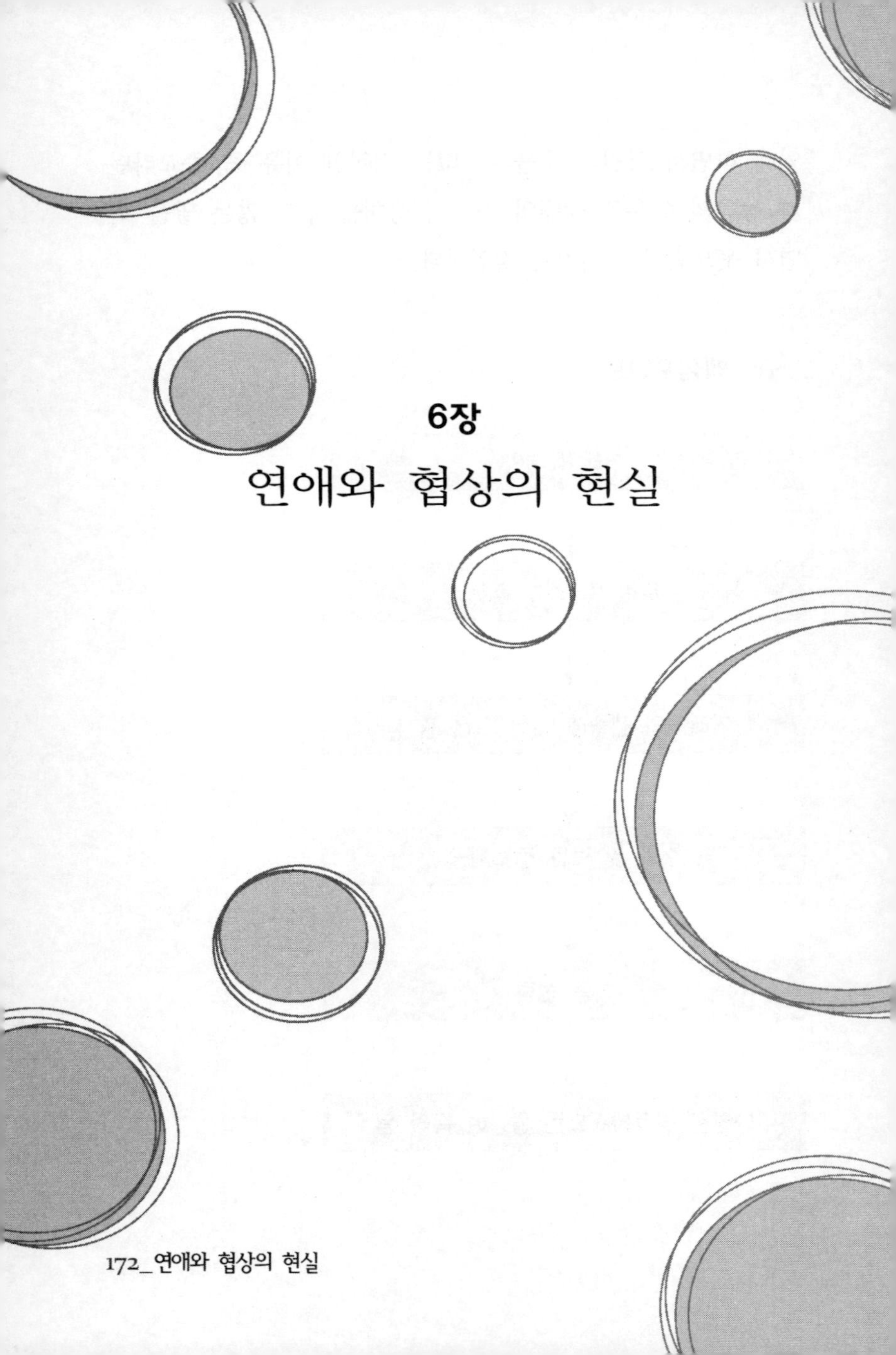

6장

연애와 협상의 현실

1
무리한 연애

세상에 많은 일이 어떤 공식이 있거나 공감할만한 방법이 있는 것이 있습니다. 그런데 많은 사람은 연애에서만큼은 나름대로 일가견이 있습니다. 그리고 다 각자 자신이 행한 연애의 기법이 최선은 아니지만 나름대로 일리가 있고 매우 정상적인 방법으로 생각하고 있는 분들이 많이 계십니다. 그런데 가끔은 남자분들이 이런 말을 하더군요. 연애 뭐 별거 있나?

어떤 유명가수가 TV에서 나와서 결혼에 관한 에피소드를 말하는데 신부어머니가 결혼을 승낙을 안 하는데 결국은 애인을 임신시키고 나니까 장모님이 결국은 완전히 부드럽게 나오면서 아! 내 딸 데려다가 잘살라고 하였다. 라는 방송을 보고 웃었습니다. 그리고 제 친구 중에도 그런 말을 하는 친구도 있어서 아주 웃었습니다.

참 그런 사람도 있습니다. 내가 아는 어떤 여자분은 아주 오래전에 순진한데 어느 날 외출해서 어떤 남자를 만나서 그만 만난 날 사고를 치고 결국은 그 남자와 결혼해서 잘살고 있더군요. 아무튼, 이런 방법도 있는 것이 현실입니다. 그런데 이렇게 사고를 치고 잘 살면 얼마나 좋겠습니까?

그러나 사고를 치고 책임을 지지 않고 서로가 불행하기도 하고 쌍방이 불행한 것 까지는 좋은데 서로가 책임을 안지기도 합니다. 그리고 서로가 객관적으로 보면 어울리지 않은 남녀가 사고를 치고 결혼해서 얼마 살지도 못하고 헤어지기도 하고 그러지요. 심지어 어떤 미모의 여자 탤런트는 결혼하고 1개월도 안 되어서 헤어지기도 하고 그래서 결국은 꽃 같은 나이에 이혼녀가 되어서 이혼녀의 도장이 찍혀서 아주 어렵고 힘들고 사회활동에도 지장이 있는 사람도 있습니다. 아무튼 연애에서도 뒷감당을 할 자신이 없으면 서로가 고민하고 냉철히 따져보고 사고쳤다고 다 결혼이라는 도장은 찍지 마시기를 바랍니다.

때로는 사고치고 결혼하고 나서 서로가 맞지 않아서 이혼하기도 하고 또 흔히들 말하는 궁합이 맞지 않아서 서로 부부의 인연이 아니면 둘 중에 한명이 세상과 이별을 하는 수도 있습니다.

글쎄요, 여러분은 미신이라고 생각하기도 하지만 어떤 여자분이 글쎄 그 여자분의 어머니가 딸의 팔자를 보니까 "그 딸 너무나 예쁘고 똑똑하고 그런데 시집을 좀 늦게 가야지 33살 전에 결혼하면 2년 안에 이혼한다."라는 말을 듣고 이 여인도 그 점을 의식하였는데 글쎄 만나던 남자의 아기가 생겨서 허겁지겁 결혼하였으나 잘살더군요. 그런데 어느 날 그 여인을 만났는데 저에게 말하기를, 저 솔직히 얼마전에 애기 아빠하고 이혼하였어요. 하면서 위의 이야기를 저에게 털어놓는 것이더군요. 제가 보아도 그 여인은 어느 미인대회 출신에 대학원까지 나와서 멋진 사업을 하는 분인데 그 소리 듣고는 참 여러 가지 착잡한 생각이 들었습니다. 이 분은 결혼식까지 참석하였던 제가 아주 잘 아는 분입니다. 지금에서야 생각하면 그 남자하고 결혼 안하고 정말로 33살이 넘어서 다른 남자하고 결혼하였다면 어땠을까 하는 생각도 합니다. 이런 것이 다 운명이라고 합니다. 인생은 다 자기가 노력하면 다 되는 것으로 생각할 수도 있으나 이렇게 운명이라고 하는 것도 있습니다. 정말로 연애에서 뒷감당 못하면서 무리하게 사고를 치면 인생이 너무 불행해지기도 합니다. 그러니까 가끔은 주위 분들의 의견과 특히나 부모님이 결사 반대하는 결혼이나 연애는 다시 한 번 생각해볼 필요가 있는 것입니다.

사랑하는 사람과 영원히 이별한 여인

당신이 나에게 사랑을 고백하며
함께 거닐던 해변가의
수많은 모래알만큼이나
많은 사람 중에서

인간의 삶이 시작된
그 오랜 옛날부터
앞으로 영원히 지속될
인간의 삶 속에서
탄생할 수많은 생명 중에서

당신과 내가 만난 것은
당신은 나에게 먼 옛날부터 먼 훗날까지
오직 한 사람이셨지요.

나는 당신과 함께할 시간이
당신과 손잡고 함께 거닐던
겨울 산속에 내리던
눈송이를 한해로 생각하여
영원하고
영원하여
끝이 없는 줄 알았지요

그런데
오늘 당신을
내 나이 서른셋에
당신 나이 서른일곱에

당신이 영원히 잠자는 모습을
당신이 뜨겁게 바라보며
나에게 사랑을 고백하던
모습을 지켜본 나의 두 눈으로
내 머릿속에 영원히 남기는
슬픈 그림으로 간직하였군요.
사랑을 속삭이던 나의 달콤한 음성이
당신과 영원히 이별하는 서러움을
저 하늘나라에 전하는
통곡이 될 줄
당신과 내가 상상이나 해보았나요?

당신의 포근한 사랑을 응시하던
나의 두 눈에서
여름 장맛비에 떨어지는
깊은 산 속의 폭포수가 떨어질 줄
당신은 아셨나요?

당신과 사랑을 나누던
우리의 보금자리가
당신의 영혼을 묻어둔
한 맺힌 자리가 될 줄을
천지신명은 알고 계셨을까요?

내가 당신을 따라 저 하늘나라에서
다시 만날 날이 언제가 될지
먼저 떠나신 당신은 알고 계십니까?

살아서 고통스럽게
그날을 기다리는 것은
매일 매일 죽는 것보다
더 큰 형벌이요 고통입니다.

나 오늘 밤에
당신을 영원히 따라가렵니다.

당신 없는 이 세상은
세상이 아니요 지옥이요.

차라리 당신을 따라가서
만나는 저세상이
이 세상이라
이 세상에서 못다 한 사랑을
가을 산에 떨어지는 낙엽만큼 다 합해
저세상에서 이루렵니다.

> 경희대학교의료원에 있는 인생이별장소에서 우연히 한 젊은 여인이 사
> 랑하던 사람을 잃고서 영원히 잠자는 모습을 붙들고 매달리며 실신하다
> 대성통곡하는 모습을 보고……

사랑과 연애는 언젠가는 시간이 문제이지 인생의 큰 이별
로 끝나는 것입니다.

독자분들 모두 한사람과 영원히 아름다운 사랑하세요.

2
무리한 협상

　세상에는 순리라는 것이 있습니다. 순리의 반대가 무리겠지요. 순리를 역행하여서 무리하게 일을 추진하면 화를 부릅니다. 협상이라고 하는 것은 사람과 사람의 만남의 시작에서 사람과 사람의 합의로 마치는 것입니다. 그런데 때로는 개인이나 조직이 너무 무리하게 일을 추진하거나 또는 어떤 능력이상으로 일을 추진하거나 상대방과 합의를 하면 반드시 크게 부작용이 생기는 법입니다. 지난 10년간 대북정책에서 한국정부는 햇볕 정책이라는 이유로 북한에 무리하게 퍼주기를 하면서 협상을 하고 정부가 마치 큰일을 하고 있는 식의 보도를 늘 해왔지만 결국은 북한에 경제적으로 이득을 너무 많이 주고 실질적으로 한국은 그에 상응하는 반대급부를 별로 얻지 못한 것이 보편적인 인식입니다. 물론 구실은 전쟁의 억제라는 명분으로 그 대가를 포장하고 있지만, 솔직히 지난 10년 간의 대북과의 협상은 매우 무리한 협상이라는 것이 협상 전문가들의 공통된 견해입니다. 그래도 미국과의 한미FTA협상은 잘된 협상입니다. 무리하게 억지로 기업을 인수하고 입찰에서 낙찰을 하기 위해서 무리하게 배팅을 하다가 결국은 무리한 대가를 지급하지 못하거나 또는 그로인해서 기업의 재무상태가 나빠지는 경우도 있습니다. 협상이라고 하는 것은 어디까지나 자신의 능력 안에서 하는 것이 원칙이지 너무 무리하게 일을 벌이면 나중에 뒷감당을 못해서 화를 부르는 경우도 있습니다.

　과거에 한국의 영화가 낙후되었을 경우에는 한국영화를 몇 편 제작하면 외국영화를 수입하는 수입권을 주던 시절이 있었습니다. 정말로 그 당시 한국영화의 수준은 외국영화와 비교해서 상당히 낙후되었던 시절이었습니다. 그런데 그 당시는 외국영화 한 편 들여와서 한국영화 제작해서 손해 본 비용까지 건진다는 생각으로 영화를 수입하는데 웃기는 것은 한국의 영화 수입업자끼리 같은 영화수입권을 가지고 치열한 경쟁을 하는 것입니다. 그러니까 외국영화 배급업자는 오히려 물건을 팔면서도 사가는 사람보다 협상에서 유리한 위치에 서는 것입니다. 그러니까 이런 점을 최대한 이용하여서 한국의 수입업자들에게 상대방의 구매희망가격을 역으로 주면서 이보다 더 주면 판매를 하겠다는 전략으로 협상하는 것입니다. 그러면 한국의 여러 수입업자가 돈을 더주기 경쟁을 벌여서 결과적으로 예상 금액의 2배에서 3배이상의 수입권을 무리하게 지급하고 협상을 합니다. 그런데 영화라고 하는 것은 결국 개봉을 해보아야 결과를 아는 매우 투기성과 모험성이 강한 비즈니스로 때로는 엄청난 손실을 보는 사업으로 결과적으로 무리하게 협상을 추진해서 결국은 망하는 영화 수입업자가 되기도 합니다. 이렇듯이 협상이라고 하는 것은 때로는 경쟁자를 따돌리려고 무리한 협상을 하는 경우도 있는데 아주 위험한 전략으로 항상 뒷감당을 할 수 있는 준비를 하고 협상을 타결 지으시기를 권고합니다. 협상은 순간의 감정으로 하는 것이 아니고 미래를 내다보는 안목으로 냉철하게 하는 것입니다.

일반인들도 부동산 계약을 심사숙고하지 못한 생각으로 계약하여서 해약을 하기 위해 결국은 계약금만큼 위약금을 더 주고 계약을 해지하는 경우도 있습니다. 물론 부동산을 사는 사람이나 파는 사람이나 충분히 고민하고 도장을 찍어야지 도장을 찍고 나서 해약하려면 그만큼 엄청난 대가를 치루는 것이 상식입니다. 그러므로 함부로 도장 찍지 마라 이것이 인생의 철칙입니다. 남녀 간에 함부로 도장 찍지 마라. 잘못하면 인생이 불행해진다. 빚보증에 함부로 친구라고 친척이라고 함부로 도장 찍지 마라. 인생이 완전히 빚보증 인생으로 고통을 받는다. 그리고 계약서의 도장은 아주 신중하게 찍어라. 그래야 낭패를 안본다.

　협상은 타결 문제가 아니라 어떤 식으로 타결짓고 또 그 타결을 잘 이행하는가가 더 중요한 것입니다. 이제는 한국정부도 외국정부와 국가 간의 협상에서 타결이 문제가 아니라 더욱더 완벽하게 협상안을 점검하고 또 한국정부의 주장을 관철하는 전략으로 협상해야 하며 아무리 상대방이 강대국라고 하여도 압력에 굴복하지 말고 거절하는 전략이 필요합니다.

핵심포인트

3
삼각관계 연애

세상에서 가장 재미있는 드라마가 연애 드라마이고 또 이야기 중에 연애 이야기가 가장 재미있는 것이 인간의 본심입니다. 그런데 그런 이야기 중에 단순히 둘만 만나서 무난하게 잘나가는 스토리는 별로 재미가 없습니다. 결말을 모르는 이야기 전개가 재미있고 마지막까지 긴장감을 놓지 않은 이야기입니다. TV에서 나오는 드라마는 대부분 삼각관계를 설정하는 이야기가 많고 한 여자를 두고 두 남자가 때로는 한 남자를 두고 두 여자가 경쟁하는 연애스토리이지요. 구경하는 사람들은 때로는 재미있지만 주인공은 얼마나 애가 탈까요. 특히나 경쟁하는 두 사람 간의 심적인 고통은 아마도 대단할 것입니다. 제 친구 중에 대학교 다닐 때 아주 깊은 관계로 발전한 애인이 있었는데 군대에 가서 소식을 들으니 애인이 다른 남자를 만난다는 소식에 아주 괴로워 하더군요.

약간 공평한 게임은 아니더군요. 한 남자는 군대에 있으니까 발이 묶여 있고 그래서 저는 직접 그런 이야기를 하였습니다. 어차피 너는 그 여자를 일찍 포기하는 것이 더 좋다. 아마도 너를 좋아하면 새로운 남자를 만나겠는가? 완전한 삼각관계 스토리는 아니지만, 아무튼 고집이냐 포기냐 하는 선택의 갈림길에 있는 경우입니다. 저는 여러분에게 권합니다. 삼각관계에서는 미련이 남아도 과감하게 포기하는 것이 연애에서 현명하게 시간 낭비하지 않고 효율적이라고 생각합니다. 정말로 소모성이 많은 피곤한 연애입니다. 세상에 절반이 여자입니다. 양다리 걸치고 있다는 것이 확인되면 과감하게 결단을 내리고 다른 여자 찾는 것이 더 좋다고 생각합니다.

그래도 인간이기에 미련이 남겠지요. 그러나 때로는 과감한 포기가 전략 일수 있습니다.

시간은 귀중하고 버스가 지나고 나면 다른 버스가 옵니다. 여인을 버스에 비유해서 기분이 나쁘다고 항의하시려나요?

강제로 버스에 올라타려고 하면 사고가 나듯이 강제로 여인을 따라다니다가 아주 큰 문제가 발생할 수도 있습니다.

결론적으로 너무 피곤하고 소모성 큰 삼각관계는 먼저 발을 빼는 것이 더 현명할 수도 있습니다.

김소월의 시 진달래꽃에서 나보기가 역겨워 가실 때에는 말없이 고이 보내 드리우리다. 이런 구절로 시작하는데 나 말고 다른 남자 만나서 나와 저울질하면 제가 양보하리 오니 그 남자와 행복하게 살기 바라오리다. 나는 다른 여인 만나서 더 행복하게 살리라. 하고 떠나가는 것이 더 멋진 사람입니다.

버스는 많고 버스가 지나가면 또 오는 것입니다.

여인은 많고 여인이 떠나면 또 다른 여인이 또 옵니다.

4
저울질 당하는 협상

　앞에서 연애의 삼각관계처럼 각종 협상에 삼각이상의 다각협상이 아주 많은 것입니다. 그런데 입찰이 아닌 협상을 하면서 다각관계의 협상은 매우 피곤한 경우도 많습니다.

　외국 플랜트수입건은 심지어 1년 이상 걸리는 프로젝트도 있습니다. 왜냐하면 구매자가 정보를 모르기 때문에 두군데 이상과 협상을 하면서 계속해서 가격을 내리는 전략적으로 협상을 하는 것입니다. 아주 피곤한 일입니다. 파는 사람에게는 결국은 최후의 카드까지 보여주고도 오더를 받느냐 마느냐 하는 정말로 지그재그식의 협상이 벌어지는 것입니다.

　이럴 때는 정말로 냉정하게 협상하여야 합니다. 과연 이렇게 시간을 끄는 것이 좋은가 아니면 우리의 최후 카드로 정면 승부하여서 과감하게 결정하고 안 되면 과감히 미련을 버리고 다른 업무에 집중하는 것이 더 생산적인가 하는 점도 냉철하게 따지는 것이 더 현명한 협상전략일 수도 있습니다.

남자들은 도둑인가

흔히들 나이 많은 남자가
어린 여인과 사랑을 하면
도둑이니 심지어 도둑놈이라고 하노라.

사랑은 순수하고
수학이 아니기 때문에
사랑에는
나이, 국경, 종교 등
모든 것을 초월하노라.

만약에 정말로 남자가 도둑이라면
여인들은 도둑질당하는 장물인가 묻노라!
장물이라는 것은
여인들 스스로 자신들을
비하하는 꼴이 되니
그런 말씀들은 제발 하지 마시기 바라나이다.

남자가 도둑이라면
남자와 사는 여인들은 도둑의 아내요
또 사랑스러운 자식들은
도둑의 자식들이라.

남자가 열렬한 사랑을 할 때는
나이와 상관없이 항상 청춘이라.

그렇기 때문에
남자나이가 아무리 많아도
20대 여인을 사랑하는 애인으로
갖고 싶어함을
깨달아 주시기 바라나이다.
진정한 사랑을 하고
몸과 마음이 건강하면

70대 남자도
10대와 20대의 여인과
열렬한 사랑을
할 수 있다는 것이
남자와 여인의 차이임을

세상의 여인들이여!
진실로 깨우치시기를 바라노라.

도둑이라는 억울한 소리를 듣고도 억울하게 변명조차 못한 남자를 대리
해서 여인님들에게 진실을 알리며 이해를 구하며

세상 남자들 중에 아주 부러운 것 중 하나가 어린 부인하고 사는 것이라고 할 수도 있고 또 거꾸로 피곤하기도 하다고 합니다. 꼭 부인이 아니더라도 아주 어린 애인을 두는 사람도 있습니다. 연애에서 나이는 숫자에 불과합니다.

어떤 고정관념을 버리고 보다 창조적인 생각을 해야 멋진 연애를 하는 것입니다. 저의 고등학교 동창생 중에는 부인과 14년 차이가 나는 친구가 있습니다. 늦게 결혼해서 나이 차이가 많이 나더군요. 아무튼 부러운 생각이 들더군요.

유명한 어떤 화백은 제자하고 약 40년 차이가 나는 부인과 결혼해서 잘살고 있는 경우도 있습니다. 나이에 대한 고정관념을 버리는 것이 멋진 연애로 가는 지름길이기도 합니다.

5
창조적인 협상

우리가 협상한다고 하는 것은 결국 어떤 공식이 없는 새로운 문제 즉 갈등이나 새로운 현안 등에 대해서 서로 받아들이는 방안을 찾는 것인데 일반 사람들은 고정관념에서 해결책을 찾으려고 하는 경향이 강합니다. 그러면 때로는 만족한 해결책을 구하기가 쉽지 않은 경우가 많이 있습니다.

남자가 이런저런 이유로 인연을 만나지 못해서 결혼을 못하다가 소위 말하는 늦장가를 가려고 마음을 먹고 자기와 적당한 여인을 찾아보니까 나이가 잘 맞는 여인은 이미 다 결혼해서 멋진 가정을 꾸리고 있는 것이다. 그렇다고 마음에 든다고 남의 부인을 탐할 수는 없는 것이다. 그래서 시야를 달리하고 용기를 내어보니 나이가 어린 미혼의 아가씨와 데이트를 하게 되어서 사랑에 빠져서 행운도 아니고 인생의 순리로 하늘의 인연으로 인해서 나이가 10년 이상 차이가 나는 여인과 결혼을 하기도 하는 것입니다. 남자들은 나이가 아무리 많아도 결혼을 할 경우는 20대 후반과 30대 초반의 여인을 선호하는 것은 어쩔 수 없는 현상이기도 합니다.

 그러니까 도둑이라고 하는 표현은 적절하지 않다고 생각합니다.

이처럼 협상도 때로는 기본의 사고방식에서 완전히 탈피하는 것입니다. 가령 상대방의 양보를 많이 요구하기보다는 어떤 경우는 스스로 더 많이 한시적으로 양보해서 협상을 타결하고 협상을 진행하면서 상대방을 도운 다음에 쌍방이 굳건한 비즈니스 결과를 구축하고 나서 한시적인 시간이 지나면 재협상을 통해서 보다 득이 되는 협상을 추진하는 방안도 있는 것입니다. 그러므로 협상을 하는 경우는 더욱 유연하고 고정된 관념에서 벗어난 생각을 가지는 것이 매우 중요한 것입니다.

사례를 보면 비정규직 문제로 어떤 할인 마트에서 장시간 파업을 하고 정말로 사회가 너무나 시끄러웠던 사건이 2007년도에 있었습니다. 그러나 다른 할인마트는 노조나 비정규직모임에서 어떤 요구를 하지도 않았음에도 자청해서 많은 계약직 사원들을 정규직으로 전환하는 결정을 한 것이다. 그래서 그 할인마트는 언론의 집중 조명을 받게 되고 그로 인해서 정규직으로 일하는 사원들의 사기가 올라가고 또 회사에 대한 충성심이 더 강해져서 영업력이 강화되는 결과를 가져오게 한 것이다. 단기적으로는 임금이 더 지급이 되지만 장기적으로는 회사가 더 안정된 수익을 창출하며 미래에 있을지도 모르는 노사 파업을 미리 차단하는 효과를 보게 된 것이다.

　이처럼 때로는 파격적이고 다른 시각에서 협상을 하여야 보다 멋진 협상이 완결되는 것이다. 독자분들도 용기를 내서 20세 아래의 멋진 아가씨와 데이트를 한번 해보는 것을 추천합니다. 절대로 도둑놈이 아닙니다. 안심하세요. 다만, 용기가 문제입니다.

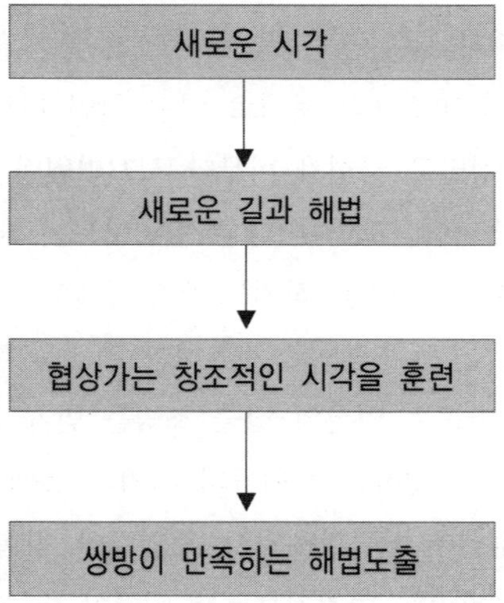 핵심포인트

6
연애에서 진도

세상살이라고 하는 것은 사람과 사람 간의 만남입니다. 그런데 가장 안타까운 것은 그렇게 좋게 만났다가 헤어지면서 서로 비방하고 헐뜯고 하는 것을 보면 정말로 가슴이 아픕니다. 조금만 참고 서로 좋았던 시절을 생각하면서 상대를 조금만 생각해보면 그런 일은 없을 것입니다. 정말로 어제까지도 서로 형님 동생하고 지내던 사람들이 조그만 오해와 조그만 이권 때문에 원수처럼 지내는 일은 너무나 많이 있습니다. 제 주위에서도 그런 일을 보고 저 역시 저를 떠난 사람들이 저를 비방하는 일을 겪지 않았다고 하면 거짓말입니다. 저도 역시 너무나 많이 부족한 사람이기에 그런 일을 당했지만 다 내 탓이다. 라고 생각하려고 노력하고 있으나 저 역시 평범한 사람이라서 즉 성인군자는 못되어서 인간적인 생각이 안 든다고 하면 이 또한 거짓말이라고 생각합니다. 그래도 많이 참으려고 노력합니다. 인생을 너무 거창하게 생각하고 너무 멋진 꿈을 꾸며 성공을 생각하면 때로는 자기 자신이 한없이 초라해집니다. 다른 사람은 저렇게 성공하고 돈도 많이 버는데 나는 왜이런가? 하는 생각을 하면 정말로 자기 자신이 싫어집니다. 자기가 자기를 버리는 것이 가장 위험한 발상입니다. 살인자도 때로는 자기변명을 하지 않습니까? 그저 어디 크게 아프지 않고 밥이라도 세끼 무난히 먹고만 살아도 행복합니다. 필자도 회사를 그만두고 제 일을 해보니까 회사에서 월급 타는 것이 얼마나 편안한 일인가를 다시 한 번 느끼지만 꿈이 있어 밥 먹기 힘든 지경에 처해도 다 미래에 꿈이 있기 때문입니다. 남녀가 만나서 연애하고 결혼하는 것도 거창한 생각 안 하면 둘이서 서로 밥 세끼나 먹고살자고 생각하면 아주 행복할 것입니다. 남과 비교하면 불행해집니다. 연애라고 하는 것은 아무리 만나서 얼굴만 친해진다고 하여도 가까워지지 않습니다. 실질적인 진도가 나가지 않습니다.

진도가 나야 합니다. 사실 남녀가 만나서 처음에는 차 한 잔, 그러다가 밥도 먹고 그리고 영화도 한 편 보고, 그리고는 술도 한잔 마시고 서로 약간은 이성보다 감성이 앞서는 상태가 되어 보기도 하고 그러면서 발전하여서 시간의 차이가 있다가 서로 사고를 치든 아니면 말로 애인을 하자고 하든 또는 결혼을 하자고 하는 것입니다. 그런데 남녀가 함께 식사를 하고 술 한 잔 마시면 서로 친해지기도 하고 그럽니다. 사자도 배가 부르면 바로 앞에 토끼가 지나가도 구태여 잡아먹지 않습니다. 왜냐하면 배가 부르면 마음이 여유로워집니다. 덜 공격적인 상태가 됩니다. 때로는 저항력이 약해집니다. 여자가 술에 취해서 정신이 몽롱해지면 신체와 정신이 혼미해서 집중력을 상실하는 경우인데 남자는 여자보다 술에 저항력이 강할 수도 있는데 같은 술을 마시고 여자가 허점을 보이면 때는 이때다 하고 여자의 동의를 받기는 하는데 여자가 술 때문에 저항력이 약해서 사실은 비몽사몽 간에 동의를 하는 경우도 있습니다. 그리고 나서 사고를 치면 이미 때는 늦으리 인지? 아니면 여자도 맨정신에 남자가 사고 치는 것을 당하는 것이 조금 어색해서 그런지 아무튼 두 사람의 합의로 사고를 치고서 두 사람이 더욱더 관계가 발전하기도 하는 것입니다. 그런 후에 두 사람이 생각하기를 이왕 엎질러진 물 하면서 두 사람이 말과 눈빛으로 하는 사랑과 연애가 아니고 인간의 원초적인 사랑과 보다 현실적인 사랑으로 인해서 결론이 나는 것입니다.

7
협상에서 미인계와 접대

한국은 술을 마시기 좋은 천국이다. 개인적으로 이렇게 많은 술집이 과연 있어야 하나 하는 시각을 가지고 있다. 그리고 아주 의아한 것은 소위 말하는 룸살롱이나 단란주점이나 하는 비싼 술집들이 그렇게 많은 것 역시 이해를 하기 힘든 것이다. 도대체 왜 술을 그리 많이 마시고 또 비싼 술을 무슨 돈으로 그렇게 마시는지도 이해가 안 가는 것이다. 개인 돈을 가지고 그런 술을 마시는 것도 힘이 들고 또 한국도 회계법이 엄격해서 무한정 접대비로 지출 증빙이 되는 것도 아닌데 아무튼 수수께끼 같은 현상이다. 필자는 이런 비용이 많이 드는 술집은 사라져야 한다고 하는 것이 개인적인 생각이다. 물론 아주 오래전에 일 때문에 룸살롱을 몇 번인가 가본 적이 있다. 그런데 꼭 그런 장소에 가서 술을 마셔야 술이 맛있고 또 비즈니스가 되는지는 아주 회의적이다. 그런 모든 비용이 어떤 방식으로든지 비즈니스 절차의 원가에 다 전가가 되는 것으로 결국은 소비자 또는 거래처의 부담으로 비용에 다 전가가 되어서 문제가 있는 것이다. 필자는 미국을 많이 다녀서 그런지 미국인들의 접대 방식인 식사와 와인을 들면서 인간적으로 대화하는 접대 방식에 매우 후한 점수를 준다.

비싼 술집에 가서 향응을 제공하는 것은 접대가 아니라 접대를 빙자한 뇌물이나 마찬가지이다. 뇌물과 선물의 차이가 있는 것이다. 금액의 차이도 있고 또 직접적인 대가성이 있는가가 기준이 되는 것이다.

사람은 본능적으로 배에 음식이 들어가서 배가 부르고 몸이 따뜻해지면 긴장이 풀리고 심리적으로 여유로워진다. 그래서 상대방에 대해서 덜 엄격해지는 것이다. 로비와 설득은 매우 불가분의 관계로 상대를 설득하기 위해서 함께 식사도 하고 또 술도 마시면서 보다 인간적으로 대화하는 것이다. 논리적인 협상론이라기보다 인간적인 감성의 차원에서 대화하고 설득하고 또 경우에 따라서는 상대방의 권한안에서 일을 부탁하기도 하는 것이다.

과거에 한국에서도 유명한 국방부 납품 스캔들(scandal)이라고 할 수 있는 린다김 사건이 있었다. 정말로 그렇게 나이가 많고 또 장관이나 되는 분이 여자에게 말려서 한국에서 형법으로 뇌물죄에 해당하는 죄의 대가로 구속까지 가는 사건이 있었다. 솔직히 남자에게 접대 중에 가장 좋은 것은 비싼 술도 술이지만 그런 비싼 술집에 가면 필수 코스가 술

따르는 정말로 예쁜 여인이 있는 것이다. 필자 기억으로도 역삼동의 한 룸살롱에서 본 아가씨는 상당히 예쁜 여인으로 기억하고 있다. 정말로 예쁜 여자가 따르는 술은 술이 더 잘 넘어가는지? 아무튼 필자는 별로 술에 취미가 없지만 많은 사람들은 술집에 가서 딸보다 더 어린 아가씨의 술시중을 받으면서 술을 마시고 솔직히 말해서 술만 마시는 것이 아니라 술자리가 끝나고 거래처 사람에게 그 아가씨를 호텔까지 따라가서 하룻밤을 보내도록 하는 것이 대한민국 현실이다. 하룻밤에 무슨 일이 있는지 필자는 알 바가 아니다. 다만, 협상에서 미인계라는 전략은 반드시 성공을 보장하는 것은 아닐지라도 협상을 전개하는데 아주 중요한 전략 중 하나이다. 넓은 뜻으로 보면 각종 전시장에서 제품을 소개하는 나레이터 모델이나 스포츠 종목의 치어리더걸이나 자동차를 소개하는 행사에 나오는 멋진 모터걸과 모터레이스의 레이싱걸들이나 대부분 너무나 몸매가 잘빠지고 얼굴도 예쁜 아가씨라는 것이다. 이 모두 미인계인 것이다.

여자들도 예쁜 여자들이 소개하는 상품코너에 몰리는 것이 인지상정인데 남자들은 더한 것이다. 인간의 심리적으로 남자는 여자 앞에서 여자는 남자 앞에서 저항력이 약해지는 것이다.

이런 점을 적절히 활용하면 협상에서 성공하는 것이다. 거래처 깐깐한 사람이 있으면 예쁜 여자 직원을 보내서 업무 상담을 하는 것도 매우 중요한 것이다. 이렇듯이 협상에서 미인계는 경우에 따라서 매우 효율적인 것이 되는 것이다. 예쁜 여자는 이렇게 귀한 존재이기도 하다. 거기에 언어 실력과 협상기법까지 갖추고 있으면 정말로 뛰어난 협상가이고 외국어에 실력이 있으면 외교관이 되어서 국가를 대표하는 협상전문가가 되는 것도 아주 좋은 일이다.

여자는 예쁠수록 공부를 하여야 한다. 공부를 안 하면 쉽게 돈 버는 것을 궁리해서 그런 화류계로 진출하는 여인들이 많은데 미모와 지식까지 갖추어서 맹활약하는 여인들도 정말로 많은 것이다.

화류계에서도 공부 안 하고 지식이 없으면 고급 손님을 시중들기는 힘이 드는 것이다. 대화가 통해야 한다.

남녀 막론하고 자신에게 투자하는 것은 항상 공부하고 기술을 익히는 것이 자신의 미래를 보장하는 것이다.

결론적으로 협상사안에 따라서 미인계는 매우 생산적인 협상이 될 수 있음을 인지하여야 한다.

8
협상에서의 비밀은?

　　사업을 하면서 상도의라는 것이 있다. 사업을 하다 보면 서로 쌍방의 각종 기술 서류도 보고 또 다양한 제원이나 가격구조 공법 등등 정말로 비밀스러운 자료도 주고받는 일도 있다. 또 회사 내부에서도 각종 기밀 서류가 있는 것이다. 사업에서 경쟁은 경쟁이지만 업무상 취득한 비밀은 지켜주어야 한다. 업무를 통해서 얻은 기밀을 악용하여서 다른 경쟁 기업 등에 넘기면 안 되는 것이다. 그리고 회사업무를 하다 보면 완벽하지 못하고 무언가 법적으로도 문제가 있는 점도 있는 것이다. 그런데 이런 것은 서로 서로 지키는 것이 협상가의 묵시적인 약속이다. 앞의 '낙엽'이란 소설에서 보듯이 내가 그 여인의 집까지 알았는데 행여 나쁜 마음을 먹었다면 그 여인의 가정은 완전히 풍비박살 나는 것이다. 세상에서 남녀관계를 미끼로 협박해서 돈을 뜯어내는 몰상식한 사람들은 정말로 천벌을 받아 마땅한 것이다.

마찬가지로 회사의 기밀서류를 국외나 경쟁회사에 **빼돌려서** 거금을 벌다가 구속되는 사례가 갈수록 늘고 있다. 그러므로 회사는 정보보안에 만전을 기하여야 하는 것이다.

협상에서는 협상의 본질을 벗어난 것에 상대의 약점을 잡아서는 절대로 안 되는 것이다.

남녀가 만나서 서로가 좋아서 즐겨 놓고는 상대의 약점을 잡아서 불순한 의도를 가진다면

이는 바로 법적인 조치에 들어가서 결국은 구속되는 사례가 아주 많은 것이다. 서로가 만나서 즐기고 나면 서로의 비밀은 영원히 보장하는 것이 예의이다. 마찬가지로 비즈니스에서 협상하면서 얻은 상대방의 문제점이나 기술 등 정보는 그 회사의 경쟁사에 넘겨서도 절대로 안 되고 자체적으로도 악용해서는 안 되는 것이다.

얄팍하게 머리 써서 돈 벌려고 하면 결국은 언젠가는 자신이 당하는 것이다.

불륜을 통한 사랑과 연애에도 도덕성이 있는데

신사적인 비즈니스 협상에서 도덕성은 절대적으로 지켜야 하는 것이다.

9
낙엽

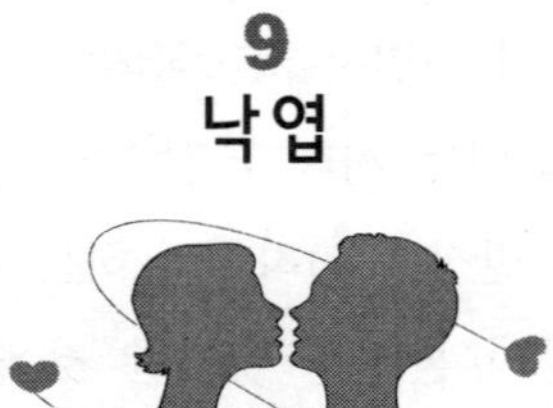

　어느 협상교육과정을 3일간 강의하는 교육과정에 2일 차에 강의를 하고 있는데 점심시간에 문자가 날아오는 것이다. '선생님 오늘 저녁에 시간이 있는지요? 시간 내주세요.' 문자가 온 것이다. 전화번호는 찍혀있지만 이름은 없다. 누구인지 짐작이 간다. 협상 교육과정은 상당히 많은 교육생이 있는데 대부분이 여직원들이다. 어제 강의 중에 쉬는 시간에 커피를 함께 마신 몇 명의 여직원 중 한 명이고 또 이 문자의 주인공이 누구인지 짐작이 가는 것이다. 보통 3일씩 하는 교육이면 서울근교의 연수원에서 숙박하면서 하는 교육이 보편화되어 있으나 이 교육은 그 회사 교육장이 서울에 있어서 출 퇴근 교육을 하는 것이다. 점심시간을 마치고 강의를 하면서 문자를 보낸 여인과 두 눈이 자주 마주치는 것이다. 예쁘장한 눈에 흰 피부에 보통 키에 약간은 통통한 여인이고 나이는 40대 초반으로 보이는 여인이다. 아주 정숙하고 가정에만 충실한 여인으로 보이는 인상이다. 강의 중에

서로 부딪히는 두 눈에서 서로 무언의 약속을 이미 하고 있는 것이다. 하루종일 강의를 하고 협상실습을 하고 발표를 시키고 그렇게 2일 차 교육을 마친 것이다. 서로 말로 약속은 없었지만 교육을 마치고 회사 교육장 건물을 나가니 그 여인이 웃으면서 기다리고 있었다.

그 여인의 이름은 정지연이었다.

교육생들은 명찰을 달고 있으므로 이름을 기억하고 있는 것이다.

"선생님 강의하시느라 피곤하시지요? 어제도 8시간, 오늘도 8시간 내일은 4시간으로 20시간이나 협상이라는 한 과목으로 강의를 하시니 정말로 피곤하시겠어요."

"정지연씨도 강의 듣는 것이 힘이 들 텐데요. 피 교육생은 피곤하고 지루한 것 이해합니다."

"직업인걸요. 그리고 힘이 들지만 강의를 시작하면 거꾸로 힘이 솟아요. 그러나 강의 후 저녁에 약국에 가서 목을 보호하고 또 기력을 회복하는 약도 사먹습니다.'

"그러시군요. 참 신기해요. 한 과목으로 혼자서 3일간 연속으로 쉬지 않고 20시간이나 강의를 하시다니 그리고 어제 이론부분에서 협상의 이론을 연애와 협상으로 비유하는 것이 아주 재미 있었습니다."

"사람마다 다 자신의 세계가 있는 것이지요. 재미있었다니 감사합니다."

“3일간 24시간 과정도 있지요.”

이렇게 이야기를 하는데 여인은 나에게 바짝 다가와서 팔짱을 끼는 것이다.

연한 화장품과 향수가 후각을 통해서 나의 뇌신경으로 전해져서 여인의 체취를 더욱 더 느끼게 하여서 내가 남자이고 이 여인이 여자라는 차별성을 인식하게 하면서 계절이 10월 초이지만 더운 날이라서 얇은 옷을 입고 있기에 서로 밀착한 상태라 이미 나와 그 여인은 옷을 입었지만 서로 맨살을 밀착하는 듯한 야릇한 느낌으로 빠져들고 있었다.

“피곤하신데 저녁 식사하셔야지요.”

“아, 예”

“무얼 좋아하시나요?”

“저는 음식을 가리지 않은데 피곤한 강의를 할 때는 기력을 회복하려고 치킨이나 피자를 자주 먹습니다.”

“그러시군요.”

“저기 피자집으로 가시지요.”

“그러세요.”

어제 처음 만나서 쉬는 시간에 커피를 마시고 2일 째의 강의를 들은 여자 교육생인데 내일 수업도 있는데 이 여인과 이렇게 데이트를 하고 있는 것이다.

인상이 순하게 생기고 동그란 두 눈에 웃는 얼굴에 약간의 보조개가 있는 이 여인 정말로 왜 이리 마음에 끌리는지 우리는 피자를 먹고 다시 거리를 나오는데 이 여인 나의 손을 잡는 것이다. 손을 잡아보니 중년 여인의 체취를 느끼기에 충분한 피부 결이 나의 본능을 야릇하게 자극하고 있는 것이며 이미 나와 이 여인은 한발 한발 나란히 연인처럼 걷고 있었다.

"집에 가셔야지요."

"저 선생님하고 오늘 헤어지기 싫은데요."

"아니 집에서 남편하고 자녀분이 기다릴 텐데요"

"오늘은 우리아이가 수학여행으로 집에 없고 남편은 외국 출장을 가서 없어요"

"그러시군요. 그렇지만"

그러나 그 여인은 아무말 없이 나의 두 눈을 응시하면서 내 팔짱을 끼고 걸어가는 것이다.

마술에 홀린 듯 나는 더 이상 아무 소리 못하고 그 여인이 잡아끄는 대로 몸이 자동으로 움직이기 시작하였다. 해가 넘어가서 어두운 거리를 조금 더 걸어가니 좌석버스를 타고 그 여인은 몸을 나에게 기대면서 우리는 어디론가 미지의 세계를 향해 떠나듯이 달려가고 있었다. 어둠이 내린 공간을 가르는 버스 안에서 우리는 아무런 말없이 서로 몸을 기대면서 이미 정신적으로도 의지하는 듯한 느낌으로 무언의 대화를 하고 있었다. 어디인가 처음 가보는 장소에 내 팔을 살며시 잡아당기기에 이 여인을 따라가고 있었다. 버스에서 내려서 조금 걸어서 아파트 엘리베이터를 향해서 가고 있었다. 나 역시 무슨 마력에 홀린 듯이 그 여인을 따라서 엘리베이터를 타고 11층에 내려서 그 여인이 여는 문으로 빨려가듯이 들어갔다. 그리고는 문을 닫고 소파에 앉으니까 그 여인이 나의 곁으로 다가와서 나의 품에 안기는 것이다. 우리는 아무 말이 필요 없었다.

나의 팔은 어느덧 그 여인의 어깨를 감싸고 있었으며 그 여인의 입을 나의 입으로 포개기 시작하면서 감미로운 그 여인의 혀를 와인을 감상하듯이 부드럽게 음미하고 있었다. 이미 나는 그 여인의 원피스에 등 뒤의 있는 지퍼를 내리고 있었고 그 여인은 나의 넥타이를 끄르고 있었다. 지퍼를 내리는 순간 우리는 영원한 비밀의 세계로 가는 기차에 오르는 느낌을 가졌다. 그 여인의 지퍼를 내리는 것은 마치 바나나 껍질을 벗기듯이 미끄러졌으며 탄력 있는 속살이 드러나면서 그 여인의 신비한 나신이 드러나는 것이다.

바나나 껍질을 벗기고 보니 통통하지만 여인의 몸매가 잘 그려져 있는 여인의 몸매를 잘 간직하고 있었으며 그 여인은 샤워실로 나를 잡아끄는 것이다.

우리는 두 눈으로만 대화를 하고 있었다. 그 여인의 등 뒤에서 매끄러운 그 여인의 탄력이 있는 등을 어느덧 샤워수건으로 내가 부드럽게 미끄러지듯이 밀어주고 있는 것이다. 그렇게 하니까 그 여인이 어느덧 나의 품에 잠시 안기더니 먼저 물로 온몸을 닦아내고 수건으로 몸을 감싸고 나가는 것이다. 나 역시 마음의 여유를 가지며 피곤함을 털어버리고 몸의 물기를 부드럽게 닦아내고 나가니 그 여인이 소파에서 분홍색 잠옷차림으로 나를 기다리고 있는 것이다.

와인 한잔을 건내주어서 서서히 마시며 와인을 머금은 입으로 그녀의 입에 맞추어서 그녀의 입안에 와인을 담아 주었다. 창문 너머로 보이는 불빛에서 가을밤의 정취를 느끼며 그 여인의 허리를 왼손으로 안아보니 탄력 있는 허리가 미꾸라지처럼 꿈틀대는 것이다. 와인의 향기가 지워지기도 전에 그 여인은 나를 잡아끌고 방으로 향하는 것이다. 그 여인의 남편이 있어야 할 자리에 내가 있는 것이다. 묘한 생각을 하면서 문을 닫고 나는 그 여인을 강하게 포옹하고 그 여인이 입고있는 잠옷을 아무런 거리낌 없이 벗기고 있었다.

샤워실에 본 그녀의 나신과 조명이 약한 방에 들어와서 보는 그 여인의 나신의 느낌은 다른 것이다. 우리는 아무런 대화가 필요 없고 아무런 거리낌이 없었으며 그 여인의 아름다운 가슴을 나는 애무하고 있었다.

그 여인은 허전하고 공허한 가슴을 채워주는 나의 애무에 호흡이 거칠어지면서 두 팔로 나이 목을 감싸며 매달리는 것이다.

어느덧 풍만한 그녀의 가슴과 살결을 애무하면서 나의 오른팔에 그녀를 베이고 꿈결 같은 시간이 흘렀다. 어느덧 눈을 떠보니 그 여인 어느덧 웃으면서 간단한 빵과 커피를 준비하고 양말과 넥타이를 주면서 웃는 것이다. 그렇게 웃는 미소는 어제밤의 잠자리 조명아래의 미소와는 완전히 다른 정숙한 여인의 미소로 나에게 힘을 주는 미소로 그 미소를 가지고 오늘도 그 여인을 강의장에 놓고 강의할 힘이 생기는 기분이었다.

강사가 양복은 바꾸어 입지는 못해도 넥타이는 바꾸어야 하는데 강의를 하면서 양복을 바꾸어 입지 않고 강의를 할 줄은 상상도 못하는 일이 일어난 것이다.

우리는 같은 버스를 타고 3일 차 협상교육일정으로 나는 강사로 그 여인은 교육생으로 같은 장소로 향하고 있었다.

그러고 나서 1개월 후에 그 여인으로부터 문자가 날아왔다.

"선생님 내일 토요일에 주말에 저와 청평으로 여행가요"

청평에서 다시 우리는 또 한번 꿈결 같은 밤을 지내면서 서로의 마음을 확인하고 또 서로의 몸을 향유하면서 서로가 공허한 것을 채웠다.

다시 본 그 여인의 허리가 좀 더 잘록해져서 더욱더 나의 품 안에 밀착 되는 느낌으로 가깝게 다가오는 것이다. 우리 는 마치 몇 년간 함께 살아온 부부처럼 호흡을 맞추면서 함 께 서로를 위로해주면서 인간의 고독과 허전함은 역시 인간 이 채워줄 수 있다는 평범한 진리를 느끼면서 뜨겁고 아름 다운 밤을 지냈다. 그렇게 우리는 청평으로 가 하루를 지내 고 다시 서울로 돌아오면서 두 손을 잡고서 다정하게 대화를 하였다.

"지연씨와 만남은 소설보다 더 소설 같군요."

"나도 이런 일이 생기리라고는 꿈에도 생각하지 못했어요."

"정말로 지연씨와 언젠가는 헤어지겠지만 예쁜 지연씨를 영 원히 마음속에 간직하고 싶군요."

"저 역시 선생님을 잘 기억하고 세월이 흘러서 우리의 만남 을 아름다운 추억으로 간직하고 가슴에 묻고 지내겠어요."

"그래요. 세상은 참 재미있군요. 가장 소중한 사람은 그 순간 옆에 있어주는 사람이지요."

"나는 선생님 옆에 영원히 있을게요 ."

"고마워요. 지연씨도 남편하고 행복하세요."

"감사합니다. 그래도 제 남편이 외국 출장 중에 가끔 연 락드려도 되지요."

“그러세요. 그러나 나로 인해서 가정생활에 지장이 있으시면 안돼요.

그러면 나도 부담스러워요.”

“알겠습니다. 그래도 선생님을 가끔 만나고 싶고 만나서 선생님한테 사랑받고 싶어요.”

나는 그 여인의 손을 잡아주었다. 우리는 서울로 오는 길에 둘이서 인생의 친구로 대화하면서 어느덧 쌀쌀해지는 공기를 마시며 서로의 두 눈을 쳐다보며 서로의 존재를 가슴에 담고 있었다. 그 여인은 나의 가슴에 머리를 기대고 웃으면서 두 눈에 눈물을 살짝 흘리고 있었다. 청평에서 서울로 오는 버스에서 창문 너머 바라보는 길에는 이미 낙뭇잎이 다 떨어져서 낙엽이 거리에 뒹구르고 있었으며 가로수가 내년을 기다리는 모습이 쓸쓸 해보이는 11월의 가을이었다.

이 여인이 평생 나의 여자였으면 하는 상상을 하면서 그 여인의 낙엽이 가득한 그녀의 두 눈을 내 눈으로 응시하고 있었다.

이 글이 필자의 경험인지 혹은 가상인지는 독자분들의 상상에 맡긴다. 다만, 소설식으로 정리한 것이다.

　남녀의 만남은 항상 아름다운 것이다. 옷깃만 스쳐도 인연인데 남녀가 만나서 서로가 안아보는 관계라면 보통 인연이 아닌 것이다. 서로가 항상 좋은 마음으로 헤어지고 또 상대를 나쁘게 해서는 절대로 안 되는 것이다. 단지 한번을 만나든 또 만나든 남녀는 만나는 것 자체가 즐겁고 좋은 것이다. 그러기에 항상 서로서로 있었던 일을 가슴에만 간직하고 비밀은 영원한 비밀로 하고 또 가슴 아픈 일도 승화시켜서 추억으로 간직하는 것이다.

7장

협상 칼럼

1
연애와 협상

인생을 살아가면서 어느 때가 되면 인간이 끊임없이 추구하는 것이 여러가지가 있는데 그중에서도 세상의 인간은 남녀로 나누어져서 남녀 서로 간에 서로를 그리워하고 서로 간에 모자라는 부분을 채우고 싶어하는 것은 인간의 근원적인 마음이라 할 것이다. 그런가 하면 사람들이 아침에 일어나서 집에서 가족과의 대화나 직장이나 자신의 사업을 하면서 직장동료나 거래처 손님과 대화하고 또 하루 업무가 끝나고 저녁에 만나서 즐거운 대화를 하는데 사실은 이런 것이 모두 다 크든 작든 상당 부분이 협상에 속하는 것이다.

일생을 살면서 하루하루가 또 일생이 모두 협상의 연속이다. 연애란 청춘 남녀만 하는 것이 아니고 10대부터 노년까지 연애는 지속적으로 진행하는 것이다. 이러한 연애와 협상은 사실은 너무나 공통점이 많아서 협상을 연구하고 한 편 협상의 이론을 표현하는데 연애와 협상을 자주 비유와 비교를 통해서 설명하는 것이다. 이 글에서도 몇 가지 점을 통해 협상을 고찰해 보기로 한다.

첫째로 연애란 상대가 있어야 하는 게임이다. 절대로 혼자서는 못하는 게임이라 우선은 연애할 상대를 찾아야 하므로 여러가지 정보를 통해서 상대를 찾는데 가장 중요한 것은 그 상대를 발견하였다 할지라도 다가가지 아니하면 아무런 진도가 나가지 아니하는 것이다. 이렇듯 협상도 특히, 비즈니스 협상도 어떠한 일을 하려고 상대를 발견하였다 할지라도 다가가지 아니하면 아무런 반응을 알 수 없기에 다가가는 실행력이 중요한 것이다. 연애와 협상의 공통점은 머릿속에서 어떤 계획만 세워서는 어떤것도 얻지 못하고 되므로 과감한 실행력이 요구되는 것이다.

둘째로 연애는 왜 할까? 또 무엇을 얻고 잃을 것인가 생각해 보기로 한다. 연애는 아마 인간이 세상에 태어나서 고독하고 외로운 존재라는 것을 깨닫고 느낄수록 연애를 하는 것이 아닌가 생각한다. 인간의 허전하고 텅 빈 가슴을 채워줄 수 있는 사람을 찾는 과정에 또 찾은 다음에 일어나는 복잡 미묘한 심리적 갈등과 두뇌 싸움이 벌어지는 것이 협상과 같은 것이다. 협상이란 자신의 힘으로 혼자 하지 못하기 때문에 자신의 이익을 극대화하기 위해서 상대가 필요한

데 자신에게 이익을 가져다줄 사람과 서로 간에 벌이는 두 뇌 게임인데 협상은 일방적으로 자신의 이익만 추구하려 하면 상대방이 떠나가는 원리이다. 연애도 상대방에게 기쁨을 주고 상대에게도 빈 가슴을 채워 줄 수 있을 때 연애가 지속되는 것과 마찬가지이다. 이런 점을 간파하여서 연애와 협상을 할 때는 상대를 배려하는 마음을 가져야 한다.

셋째로 연애와 협상은 거절에서 시작하는 것이다. 어떤 남자가 자신의 마음에 쏙 드는 어떤 여자를 발견한 후에 다가간다면 아마도 그 어떤 여자도 처음부터 호락호락 쉽게 다가서는 것을 용인하는 경우는 거의 없다. 협상도 비즈니스에서 자신의 첫 번째 제안을 상대방이 쉽게 받아들이는 경우는 없다.

이렇듯 연애와 협상은 거절에서 시작하는 것이므로 연애와 협상에서 거절을 당했다고 실망하거나 괴로워할 필요는 없다. 거절을 당하면 두 번째 제안을 할 기회가 왔다고 적극적으로 생각하고 인내심을 가지고 또 다시 다가서는 용기와 지혜가 필요한 것이다. 연애와 협상에서 적극적으로 제안을 하여서 절대로 잃는 것이 없다는 긍정적이 사고방식을 가지고 실행하여 주기를 요청한다.

　넷째로 연애와 협상은 서로 간에 양보하고 절충하는 과정이다. 대체로 연애를 잘하는 여자는 남자를 다룰 때 남자를 감질나게 하며, 천천히 데이트에 응하고, 남자와의 연애 진도도 조금씩 진전시키며, 또 한 데이트에 응하더라도 마지못해 응하는 척하는 연기를 하며, 결정적인 부분은 절대로 허락하지 않으면서 시간을 가지고 남자를 파악하는 것이다. 예를 들면 미국과 북한 간의 핵 문제도 마음 같아서는 미국이 북한의 핵 문제를 빨리 해결하고 싶었겠지만 북한은 절대로 핵 카드를 쉽게 포기하지 않고 핵 카드를 가지고 자신의 최대한의 이익을 추구한 것이다. 이처럼 협상도 대체로 상대방과 협상과정에서 시간을 가지고 조금씩, 천천히, 마지못해하는 것처럼 양보해 가면서 자신의 마지막 카드는 끝까지 숨기면서 최대한의 이익을 추구하기 위해서 활용하는 것이다. 아마도 그 어떤 여자도 남자를 만나서 첫 만남에서 손목 잡히고 어깨를 허락할 여자는 없다. 거꾸로 이렇게 진도가 빨리 나간다면 여자가 지극히 매력이 없거나 남자의 매력이 너무나 뛰어나서 그저 여자가 남자에게 두손들고 남자 품에 안기는 경우인데 이런 남자는 그런 여자와 적당한 시점에 헤어지고 더 매력 있는 여자를 찾으려고 할 것이다.

　다섯째로 연애와 협상에서 그 힘은 어디에서 나올 것인가에 대해 언급하고자 한다. 국제사회에서 미국이란 나라가 협상을 잘한다고 한다. 여러 이유가 있지만 미국의 힘에서 협상력이 나오는 것이다. 협상이란, 말만 잘하는 것으로 되는 것이 아니라 협상 당사자의 실력에서 나오는 것이다. 여자는 여자로서의 매력이 있고 남자는 남자로서의 매력이 있을 때 여자는 남자가 많이 따르고 또한 남자는 여자를 많이 거느릴 수 있는 것은 동서고금의 진리이다. 또한 비즈니스 협상에서도 비즈니스의 힘이 우세한 자가 유리한 국면으로 협상을 이끌 수 있다. 이러한 경우에서 보듯이 사람은 항상 자신의 실력을 키우는데 항상 최선의 노력을 하여야 한다. 기업은 새로운 기술과 새로운 상품을 만들 때 상대방 보다 우위에 서서 협상을 진행할 수 있다.

　이 글을 통해 협상에 대해 몇 가지 공부하였다. 모든 분들이 항상 노력하고 자신을 개발하여서 인생에서 멋진 연애를 통해서 인생의 즐거움도 얻고 또한 일을 열심히 해서 사회에서 성공하시기를 바라며 이 글이 그러한 방향에 조금이나마 도움이 되기를 바란다.

2
탁구와 협상

　근래 몇 년 사이에 필자가 그동안 알고 지낸 친구나 사회의 지인들을 만나면서 확연히 느끼는 것이 얼굴에서 세월이 흐르는 모습을 보고 매우 안타까운 마음을 느끼고는 한다. 자연의 섭리라 생각하기도 하지만, 자신의 건강관리를 안 하는 것 같은 생각이 들어서 더욱더 아쉬운 마음이 든다. 모든 분들이 더욱더 건강한 모습으로 계속 만나기를 기대한다. 그런데 아마도 건강을 위해서 규칙적으로 운동을 안 하는 분들이 많은 것 같아서 이번 기회에 자신에게 맞는 운동을 하라고 권하고 싶다.

　건강에 운동보다 더 좋은 것은 없다고 생각하며 이번 기회에 필자가 하는 운동인 탁구를 통해서 협상에 대해서 몇 가지 공부하고자 한다. 필자는 탁구를 못 치지만 생활체육으로 즐기기에 핑퐁뉴스라는 사이트를 함께 운영하는 것이다.

　첫째로 탁구는 한 번씩 공이 중간의 네트를 두고 왔다갔

다하는 랠리경기이다. 상대방의 공을 보고 짧은 순간에도 상대방의 구질에 대해서 분석하고 난 후에 자신이 어떤 방법으로 대응할 것인가를 판단하여서 적당한 구질, 적당한 타이밍, 적당한 코스를 선택하는 고도의 두뇌경기인 것이다. 이와 마찬가지로 협상도 상대방의 협상카드를 예의 주시하면서 자신이 어떤 카드로 어느 수준으로 대응할 것인가를 선택하는 판단의 경기이다. 자신의 카드를 선택할 때는 자신의 카드가 던져 졌을 때 상대방은 이 카드를 어떤 카드로 대응할 것인가를 미리 예상하는 것이 협상에서 중요한 사항이다.

둘째로 탁구경기를 하다보면 흔히들 지는게임이 아닌데도 어이없이 졌다고 하는 말을 듣게되는 경우도 있다. 축구에서 아무리 슈팅이 많아도 골을 넣어야 하고 야구에서 아무리 안타를 많이 쳐도 득점이 되어야 한다. 이렇듯 탁구도 객관적인 기술과 힘에서 앞서도 상대방의 구질파악을 안 하거나 경기운영이 미숙하거나 하면 어이없는 패배를 당한다. 협상도 자신의 카드보다 상대방의 카드를 분석하지 않고 협상에 임하면 자신의 카드를 써보지도 못하고 주저앉는 경우가 많은 것이다. 협상에서도 정보분석과 상대방 카드를 역 이용할 줄 아는 전략이 매우 중요하다.

셋째로 탁구는 고도의 심리적인 경기이다. 상대방이 나보다 한 수 아래라는 생각으로 마음을 졸이지 않고 느슨한 경기를 하거나 또한 상대방의 명성에 주눅이 들어서 자신의 기술을 써보기는 커녕 오히려 쉬운공도 못 치고 실수를 하다가 자멸하는 경기를 자주 보는데 탁구에서는 특히 정신무장이 중요한 것이다. 이렇듯 협상도 정신적인 요소가 매우 중요해서 협상이란 객관적인 조건보다는 협상에 임할 때 상대방에게 심리적으로 우선 밀리는 상태로 협상 테이블에 임해서는 이미 절반은 상대방에게 기선을 제압당하는 경우가 되므로 항상 정신집중을 하는 습관이 협상에서는 중요한 요소이다. 또한 협상에서는 쉬운 상대는 없다는 생각으로 아무리 간단한 사안과 쉬어보이는 상대방에게도 마치 사자가 토끼 한 마리를 잡을 때 최선을 다하는 것처럼 혼신의 힘을 다해서 협상을 하여야 한다.

넷째로 탁구경기는 1점을 남기고도 역전패 하는 경우가 자주 있다. 예전에는 탁구가 21점 경기였으나 이제는 룰이 바뀌어서 11점으로 바뀌었다. 대부분 탁구에서 11점 경기에서 10점을 먼저 따고 상대방과 3-4점을 앞서고 있으면 이제는 끝났구나하고 경기를 하다가 순식간에 동점을 허락하고 나서 듀스에 가서 그 게임을 내주는 경우가 있다. 탁구경기는 인내심을 가지고 악착같은 자세를 요구한다. 협상에서도 마찬가지로 상대방과 계약서에 서로 간에 도장을 찍고 악수를 하기전에는 협상이 끝난 것이 아니다. 협상에서는 자신의 뜻을 관철시키고 최후까지 자신의 주장을 내세워서 자신에게 유리한 방향으로 협상이 진행되도록 끈질기고도 악착같은 자세가 필요한 것이다. 협상이 끝나고 나서는 그 결과를 서로 존중하고 인정하여서 결과를 이행하는 습관이 세련된 비즈니스의 자세이며 진정한 민주주의의 실천인 것이다.

다섯째로 탁구는 매우 상대적인 경기이다. 세 사람이 탁구 경기를 하면 그 결과가 서로 1승1패로 끝나는 경우가 있으며 국가대표선발전에서도 최하위선수가 최상위선수를 이기는 경우가 있다. 이와 마찬가지로 협상도 지극히 인간적이므로 협상상황에 따라서 협상에 임하는 사람을 달리해서 협상에 임해야 협상을 성공적으로 이끌 수가 있다. 같은 조건을 가지고도 상대방의 저항력을 떨어뜨리게 할 수 있는 적절한 사람을 선정하여서 자신에게 유리한 방향으로 협상을 끌고 가는 지혜가 필요한 것이다.

탁구를 통해서 몇 가지 협상요인을 공부하였다. 여러분도 협상을 성공적으로 이끌기를 바라며 아울러 운동도 하여서 건강하기를 기원한다. 그리고 여러 운동도 많이 있지만 탁구를 여러분께 추천하니 한번 탁구에 입문하여 즐거운 마음으로 운동하기를 권하며 모든 분들이 더욱더 건강하시기를 기대한다.

3
축구와 협상

　한국과 일본에서 열렸던 2002년 월드컵대회는 개막 전부터 이변을 연출하더니 역대 월드컵 대회 중 가장 많은 이변이 대회 중에 일어났었다. 흔히들 "공은 둥글다."고 하는데 이는 양 팀의 객관적인 실력보다는 실질적인 경기를 해보아야 한다는 의미로 협상의 논리와 같은 것이 흥미로운 것이다. 협상의 결과를 미리 예상 할 수 없다. 마치 공이 둥글듯이 협상의 결과는 끝나 보아야 결과가 나오는 것이다. 협상의 무기는 사람의 말 즉, 커뮤니케이션으로 진행되는데 결국은 협상을 움직이는 것은 사람의 생각으로 두뇌 속에 감추어진 아이디어이다. 축구와 비유해서 협상에서 몇 가지 중요한 요소를 고찰하고자 한다.

　첫째로 심리적인 자신감이다. 축구경기에서도 상대방과 경기하기 전부터 미리 위축되고 상대방의 공격에 위축되어서 수비만 한다면 결국에는 절대로 승리할 수가 없다. 진정한

협상이란 승패를 가르는 그러한 결과를 요구하는 것은 아니
라고 해도 유리한 결과를 가져오기 위해서 밀고 당기는 게
임임은 틀림이 없기에 상대방이 밀고 들어오면 자기 자신도
자신의 카드로 밀어 붙여야 하는 것이다. 축구에서도 가장
답답한 경기가 슈팅 한번 날리지 못하는 것이다.

  둘째로 상대를 알고 나를 아는 것이다. 요사이 축구 경기
에서도 상대방의 전력 탐색이 매우 중요한 것이다. 포르투갈
이나 프랑스가 한 수 아래의 팀에게 어이없이 무너진 것은
여러 요인중에 상대방을 쉽게 생각하고 대비책없이 상대에
대한 전략없이 축구를 하다가 무너진 것이다. 이렇듯 협상도
축구와 마찬가지로 쉬운 상대는 없다. 왜냐하면 어떤 상대방
도 쉽게 골문을 내주지 않듯이 협상도 자신을 지키고 자신
의 이익을 지키기 위해서 전략적으로 임하기 때문에 자신과
상대방을 분석하는 흔히 말하는 "상대를 알고 나를 알아야
이긴다."라는 옛말은 협상과 축구경기에서 절대 불변의 진리
이다.

  셋째로 인내심이다. 한국인의 기질에는 흔히들 끈기가 있
는데 한국이 현대화되는 과정에 한국인의 성격이 매우 급한
성격으로 변한것이 사실이다. 축구 경기에서 강한 팀과 약한
팀의 차이가 문전처리가 대부분이다. 페널티 박스 근처까지

는 엇비슷하게 몰고 가서 문전에서 결정적인 차이가 나는데 문전에서 여유가 있음에도 너무 강하게 차려고 하거나 서두르다가 슈팅에 너무 엉뚱한 곳으로 가기도 한다. "급할 수록 돌아가라"는 말도 있듯이 절대절명의 위기나 너무 좋은 기회일수록 한 번 더 생각하는 마음의 여유를 가지고 축구의 슈팅을 하듯이 협상의 카드를 꺼내는 습관이 필요하며 때로는 협상에서 상대방을 지치게 하는 기다림의 전술도 필요한 것이다.

넷째로 탄력적인 전술 변화이다. 축구에서도 교체 선수가 오히려 선발 출전 선수보다 골을 잘 넣는 경우가 있고 축구를 하다가 보면 상대방의 전술과 우리 팀의 상태에 따라서 선수를 교체하여서 교체 선수가 큰 활약을 하는 경우를 보는데 이는 교체 선수와 축구 감독이 벤치에서 상대방과 우리 팀의 장단점을 파악하고 난 후에 던지는 카드로 상대방의 허점을 파고들어서 교체 선수가 골을 넣는 것과 같이 협상에서는 진행과정에 따라서 유연한 자세로 협상의 카드를 바꾸어서 하기도 하고 또는 바둑에서 훈수를 두는 경우는 정곡을 찌르듯이 다른 사람의 조언도 필요하며 자기 스스로 한발 물러나 협상을 점검 한 후에 협상을 하게 되면 더욱더 좋은 결과를 가져 올 수 있다.

무궁무진한 협상의 이론을 다 배우려면 책을 열 권 아니 수십 권을 공부해도 모자란다. 더욱더 중요한 것은 히딩크 감독이 강팀과 패배를 두려워하지 않고 강팀과 최종 평가전을 한 것처럼 성공하는 협상가는 협상에서 실패를 두려워하지 않고 실제로 협상을 해보는 용기가 필요하다.

용기야말로 협상을 성공으로 이끄는 덕목 중의 덕목이다. 1% 성공가능성이 있다면 용기와 신념을 가지고 사업과 새로운 일에 도전하는 자세로 이 글을 읽는 분들이 인생에서 성공하기를 기원한다.

4
야구와 협상

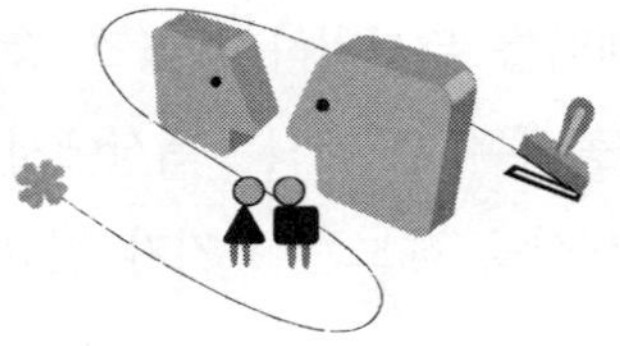

　필자가 졸업한 고등학교는 야구부가 있으며 유명한 선수도 많이 배출하였다. 미국에 있는 봉중근선수를 비롯하여 김재현선수, 조성민선수, 박종훈선수, 조인성선수 등 많은 선수가 있다. 그러기에 야구에 관심이 있으며 취미로 고등학교 시절 야구공을 필자가 80미터 이상 던진 것으로 기억하고 있다. 야구라는 운동은 다른 운동과는 달리 고도의 두뇌게임의 요소를 가지고 있는데 야구와 협상과의 관계를 통해 협상을 공부하고자 한다.

　첫째로 야구는 흔히 말하기를 투수 놀음이라고 한다. 이는 철저히 상대적이라는 뜻인 것이다. 어떤 타자는 어느 투수에게 강하고 약하고가 통계를 통해서 나타나는 경우가 있다. 그래서 야구에서 선발투수에 따라서 새롭게 타자를 고르고 또 타순을 새롭게 정하기도 한다. 이처럼 협상에서도 협상의 상대방에 따라서 우리의 협상 주체를 누구로 할 것인가를 정하는 것이 일반적이 원리이다. 또한, 협상의 사안에 따라서 그 분야 전문가를 발탁해서 협상하는 것이다. 비즈니스에서 전자부품관련 업무협상을 하는 경우라면 당연히 그 분야 전문가를 동석하고 한팀이 되어서 협상을 해야 한다.

둘째로 야구는 고도의 선택의 경기이다. 정말로 야구는 정적인 상황으로 서로가 위기와 기회를 훤히 보고 있으면서 그 다음 상황을 여러 가지로 선택하여 가상의 수를 점검하고 점검하여 투수가 공을 한 개씩 던져 나가는 경기이다. 이처럼 협상도 어떠한 현상을 서로가 대체로 객관적으로 현상을 인식하고 있으면서 상대방의 어떠한 제안이나 요구를 받고서 자신에게 득이 되는 방향으로 자신의 카드를 던지는 게임이다. 그런데 자신의 카드를 던질 때는 단순히 이 카드를 던져서 내가 얻으려고 하는 상황을 가상하기보다 이 카드를 던지면 상대방은 어떻게 나올 것인가를 점검하여 오히려 역효과가 있는지도 점검하고 이 카드를 통해서 상대방은 어떤 카드를 던질 것인가도 점검하면서 자신의 카드를 던져야 한다.

셋째로 야구 투수는 승부구를 여러 개를 준비한다. 투수는 9회까지 완투할 때 초반 중반 종반으로 나누어서 자신의 투구 패턴을 달리하여서 상대팀 타자들로 하여금 적응력을 떨어뜨리는 작전을 쓰기도 한다. 아무리 강속구를 던진다 해도 시종일관 직구만 가지고 던져서는 훌륭한 투수가 될 수 없다. 때로는 변화구, 구속의 변화, 투구의 위치 등으로 상대방 타자의 눈을 교란시키는 것이다. 이처럼 협상도 상대방에게 적절한 변화를 주어서 상대의 마음도 읽어보고 어떤 카드를 가지고 승부를 걸기 위해서 다른 카드로 반응도 보아가면서 유연한 자세로 협상을 하는 것이다. 처음에는 정면돌파가 통할 것으로 생각하고 솔직한 작전으로 나가서 안 되면 우회작전으로 나가서 상대를 설득 할 수도 있다.

　넷째로 야구의 승부는 9회 말투 아웃부터이다. 야구의 특징 중 하나가 철저하게 시간의 제한이 없는 경기이다. 미국의 메이저리그는 무승부가 없어서 승부가 날 때까지 심지어 4시간이나 5시간도 경기를 한 경기도 있다고 한다. 그러므로 야구는 승부가 나 봐야 승부를 안다고 하는 것이다. 협상도 결과는 끝나보아야 아는 것이므로 조금의 방심도 또한 섣부른 추측도 하지 말아야 하는 것으로 끝나서 서로가 문서에 서명을 하기까지는 협상이 끝나지 않은 것이다. 또한 협상을 하는 데는 마음의 여유를 가지고 인내심을 갖고서 협상에 임해야 한다. 야구에서 아웃 카운트 한 개를 남기고 경기 결과가 뒤집어지는 경우가 많이 있다. 이처럼 협상도 끝까지 최선을 다해서 자신의 의지를 관철시키고 자신이 유리한 방향으로 이끈다는 정신으로 협상을 해야 한다. 협상에서 심리적인 여유와 안정감을 가지고 마지막의 순간까지 다양한 경우의 수를 생각하며 협상을 해야 한다.

다섯째로 트레이드를 통해서 전력을 보강한다. 겨울이 되면 각 구단은 스토브리그 때 트레이드를 통해서 전력 보강하는 작업을 한다. 트레이드란 의미가 교환이다. 그런데 막연히 주고받는 것이 아니라 대체로 자신의 팀에서는 필요없어도 되는 선수를 주고 상대방으로부터는 자신의 팀에 꼭 필요한 선수를 가지고 오는 것이 트레이드 즉 교환의 전략이다. 협상에서 교환과 양보의 전략을 터득한다면 협상의 절반은 성공한 것이나 다름이 없다. 협상에서도 교환을 할 때는 줄 것은 주고 얻어 낼 것을 얻어내야 하는데 예를들어 물건을 파는 사람이 물건가격을 상대방이 삭감하여 달라고 삭감하여 준다면 가장 나쁜 경우이다. 가격을 삭감하는 대신 물량을 더 많이 팔 수 있게 거래를 하는 것이 교환의 전략이며 양보는 천천히, 마지못해, 억지로, 원래는 안 되는데 특별히 해준다는식으로 하면서 또한 가장 중요한 것은 절대로 양보하지 않는 지혜가 필요 한 것이다.

이상으로 야구와 협상을 통해서 몇 가지 협상공부를 하였으며 이런 점을 알고 야구를 보고 또 이를 응용하여서 멋진 삶을 살아보길 기대한다.

5
제비와 협상

　제비라는 새는 흥부전에도 등장하는 것을 보면 아주 옛날부터 우리조상 대대로 봄의 희망을 알려주는 새로 우리에게 인식돼 왔다. 그러한 제비가 하늘을 날아다니는 새가 아닌 또 다른 의미로 쓰이기 시작되었는데 그 원인은 상세히는 모르겠으나 아마도 제비가 하늘을 나는 모습이 매우 세련되고 날렵하여서 그런 것이 아닌가 추측이 된다.

　필자가 여기서 말하는 제비는 어찌보면 사회에서 지탄을 받으며 한 편으로는 수많은 가정을 파괴하는 주범이기도 하다. 그러나 필자는 비즈니스 협상을 강의하는 사람으로 가끔은 강의하면서 영업을 제비처럼 프로답게 하라고 말하곤 한다. 제비들의 몇 가지 기법을 연구하기로 한다.

　첫째로 제비는 철저한 프로이다. 마음이 공허한 여자를 즐겁게 해주면서 그 대가로 고객인 여자로부터 돈을 받아내기에 사회적인 통념으로는 직업이 아니지만, 그들 세계에서는 직업 또는 일이라고 말하곤 한다. 이렇듯 우리가 비즈니스 협상을 할 때도 철저한 프로의식 즉 '오너의식'이 투철해야 성공하는 것이다. 모든 비즈니스는 오너의식을 가져야 성공할 수 있다. 오너의식이 협상의 세계에서 가장 중요한 항목이다.

둘째로 제비들은 고객의 눈높이에 따라서 각각 다른 기법으로 여자들을 유혹하는 것이다. 비즈니스협상에서는 수많은 거래처, 상황, 분위기, 조건 등이 수시로 변화하는데 이러한 변화를 걸림돌로 생각하지 말고 오히려 목표를 달성할 수 있는 조건이라고 긍정적으로 생각하며 변화에 유연하게 대처하고 또한 적극적으로 일을 추진할 때 비즈니스협상을 성공적으로 성사시키는 것이다.

셋째로 제비들은 각각의 고객들로부터 오로지 자신이 그 고객 즉 그 여자만 생각하고 있다는 인식을 갖게끔 최선의 노력을 한다. 이 의미는 거래하는 고객이 크든 작든 간에 최선의 노력을 다하는 원리이다. 다시 말해서 사자가 토끼 한 마리를 사냥할 때도 혼신을 다하는 것과 같다. 비즈니스에는 큰 거래거나 작은 거래거나 최대의 노력을 기울여야 한다. 어떠한 경우에도 방심은 허락하지 않는 것이다. 모든 비즈니스에서는 최종적으로 계약을 하여야 비즈니스협상이 성공되는 것이다. 제비는 소득이 없이는 여자를 만나지 않는다. 마찬가지로 아무리 거래처가 많아도 소득이 없는 거래처는 사업이 아니다.

넷째로 제비들은 끊임없이 체력단련을 하며 항상 새로운 대화기법과 신선한 의상에 신경을 쓴다. 고객이 많아지며 사업이 커질수록 심신이 피곤해지는 것은 당연하다. 이렇듯 사업이 커질수록 업무를 수행하려면 튼튼한 체력과 굳은 신념이 필요하다. 또한, 세련된 비즈니스맨은 항상 공부를 하면서 고객들로 하여금 싫증을 느끼지 않도록 자기 발전을 하여야 하며 프로 비즈니스맨은 의상, 소품, 외모도 격에 맞게 갖추어야 한다.

다섯째로 뛰어난 제비는 적당한 시점에 현재의 여자와 감정을 상하지 않게 헤어지고 다른 여자들을 찾는 것이다. 물론 어떤 방법으로 찾는지는 필자도 모른다. 이런 방법을 안다면 아마 필자도 제비에 입문을 하지 않았을까? 어설픈 제비들은 한 여자에 집착하여 뿌리까지 뽑으려고 하다가 가끔씩 쇠고랑 차는 사건을 보곤 한다. 여기서 얻는 교훈은 어떤 사업도 어떤 고객도 영원한 것이 없으므로 잘되는 사업을 할 때도 장기적인 계획을 세우고 여력이 있을 때 신규사업에 투자하여 새로운 상품개발과 아울러 신규 고객 개척을 하여야 하는 것이 중요한 것을 배우게 한다.

이렇게 다섯 가지의 기법을 소개하였는데 이 글을 통해 여러분이 제비가 되려고 하지는 않으리라고 생각한다. 단지 이 글을 통해서 교훈을 얻기를 기대한다.

끝으로 이 글을 읽고 필자에 대해서 오해는 없기 바라며 단지 비즈니스협상과 제비의 행동철학을 학술적으로 연구한 것이다. 필자는 제비가 되기에는 아무런 조건을 갖추지 못한 매력 없는 사람임을 밝힌다.

6
국제비즈니스와 협상

국제비즈니스를 성공적으로 수행하는 데는 여러 가지 요소를 크게 두 가지로 나눌 수 있는데 첫째는 비즈니스의 대상인 재화와 용역인 상품의 경쟁력이라 할 수 있고 둘째는 국제비즈니스를 수행하는 각종 업무수행을 뒷받침하는 모든 직간접적인 비즈니스 절차라 할 수 있다. 그중에서도 비즈니스를 시작해서 마무리까지 하는 것은 결국은 비즈니스맨이 쌍방 간에 어떠한 구체적이고 목적지향적인 특별한 커뮤니케이션을 통해서 이루어지는데 결국은 협상이라는 단어로 귀착되는 수단으로 비즈니스를 수행하는 것이며 협상을 통해서 구체적인 상품의 조건도 협상을 통해서 이루어지므로 비즈니스에서 협상은 시작과 완성을 이루는 것인데도 많은 한국인은 협상의 중요성을 간과하고 비즈니스를 하는 것은 정말로 아이러니하다고 볼 수 있다. 국제비즈니스에서 몇 가지 핵심적인 협상전략에 대해서 한번 생각해보기로 한다.

첫째 국제비즈니스협상은 국제 감각을 가지고 접근해야 한다. 많은 한국인은 한국적인 사고방식으로 국제비즈니스를 하는 잘못을 범하고 있는데 또 나라마다 문화차이가 있고 아울러 비즈니스 접근방법이 다른 것을 항상 인지하여야 하며 상대는 비즈니스에 철저한 프로라는 사실을 깨닫고 쉬운 상대가 없다는 생각으로 신중하게 접근하여야 한다. 그러므로 국제비즈니스를 수행하게 되는 상대국가에 대한 사전정보파악에 최선을 다해야 하는 것이다. 사전정보파악은 직접적인 방법과 간접적인 방법을 동원하며 항상 열린 마음으로 겸허하게 일단 듣고 최종적인 결론에 도달하는 것이 순리이다.

둘째 협상에서 상황에 따라서 각각의 다른 전략을 수립하여야 한다. 같은 상품을 거래하고 또 거래처가 같을지라도 비즈니스 케이스에 따라서 각각의 다른 전략이 필수적이며 어떠한 것에 강조점을 두어야 하고 시장상황과 계절적인 요소에 따라서 어떠한 변화와 경쟁상대가 있는지도 항상 염두에 두어야 하며 아무리 거래를 오래하고 있는 고객이라 할지라도 비즈니스는 냉정하다는 것을 잊어서는 절대로 안 되며 한 마리의 토끼를 잡기 위해서도 호랑이도 최선을 다하는 자세로 협상에 임하여야 한다.

셋째 국제비즈니스는 국어가 아닌 외국어로 협상이 이루어지므로 외국어의 실력향상에 힘쓰는 것은 당연하지만 외국어실력이 하루아침에 이루어지지 않기 때문에 모든 협상의 진행과 마무리는 외국어로 할지라도 문서로 작성되는 것이 관례이므로 이러한 문서를 철저히 점검하면서 애매하거나 조금이라도 미심쩍은 부분이 있다면 전문가의 도움을 받아서 완벽하게 점검하여서 확신을 가지고 마무리를 하며 조금이라도 자신의 뜻과 달리 작성된 부분이 있다는 생각이 있다면 몇 번이고 반복하여서 자신의 뜻이 관철되고 서로가 동의하는 방향으로 상대방과 다시 협상하는 끈질긴 자세가 필요한 것이다.

넷째 협상은 일종의 심리적인 게임과 같은 것이므로 항상 자신감을 잃지 말아야 한다. 마치 야구에서 투수가 똑같은 공의 스피드를 가지고도 어떠한 공은 홈런을 맞는가 하면 어떤 공은 상대 타자로부터 삼진아웃을 빼앗은 경우가 있듯이 객관적인 조건의 변경이 불가능하다면 자신을 믿고 과감하게 일을 추진하며 당당한 자세로 협상에 임하여야 상대에게 신뢰감을 주게 되는 것이다. 어떤 경우도 우물 쭈물대는 듯한 자세로 협상하여서는 안 된다.

다섯째 협상은 서로 쌍방 간에 서로 다른 관점에서 출발하는 것이며 또한 쌍방 간에 공통적인 관심의 대상이 되는 사안이 있는 것이므로 어떤 경우도 상대의 제안이나 나의 제안이 거절당하고 거절할 수 있다는 평범한 진리를 인식하여야 한다. 그러므로 국제 비즈니스 협상에서도 과감한 거절을 하는 대담성과 또한 이러한 거절은 또 다른 조건을 가져오는 요소이므로 항상 대안을 뒷받침하는 전략을 구사하여야 한다. 대안이 없는 거절은 협상을 성공적으로 이끌지 못하고 오히려 막다른 골목으로 이끌고 가서 협상이 깨지거나 아니면 오히려 크게 양보하여야 하는 경우가 발생하므로 막연한 거절이 아니라 구체적인 대안을 갖는 거절의 전략을 구사하여야 한다.

여섯째 협상에서 상대의 권한이 어느 정도인가를 항상 파악하는 자세가 필요한 것이다. 과연 협상의 파트너가 어느 정도의 권한을 가지고 있는 협상자인가를 파악하여서 협상의 목표치를 설정하여야 하며 목표치는 항상 협상결과보다 높게 설정하는 전략이 기본이다. 협상은 자신만이 하는 것이 아니고 상대방도 있기에 목표치보다 높게 두어서 협상하여야 목표치에 도달할 수 있는 원리를 유념하여야 한다.

일곱째 협상의 최종결과는 문서로 작성되는 것이므로 협상의 모든 상황을 문서로 정리하는 공부를 하여야 하며 문서로 확인하여서 최종결과를 점검하고 확인하기까지는 협상의 끝나지 않았다는 자세로 진지하게 협상에 임해야 한다. 그리고 국제 비즈니스에서 이러한 협상의 결과를 성실히 이행하여서 상대방에게 신뢰감을 주어서 조그만 비즈니스 건으로부터 시작해서 더 큰 비즈니스가 이루어진다는 장기적인 관점으로 협상을 하여야 한다. 그러므로 국제비즈니스협상에서는 인내심을 가지는 덕목이 중요한 것이다.

이렇게 간단히 국제비즈니스 협상에서 일곱 가지 요소를 고찰하여 보았다.

어떠한 경우도 비즈니스맨은 이익이 나면 비즈니스를 성사시키는 사람이 승리자라는 평범한 사실을 염두에 두고 쌍방 간에 서로 간에 이익을 추구하고 장기적으로 비즈니스를 지속시키는가에 초점을 맞추어서 국제비즈니스를 성공적으로 이끌기 바라는 마음으로 간단히 정리하였다.

*** 이 칼럼은 신용사회라는 잡지사로부터 2005년도 6월호의 원고 청탁을 받고 쓴 칼럼이다.

8장
연애와 협상의
외모 경쟁력

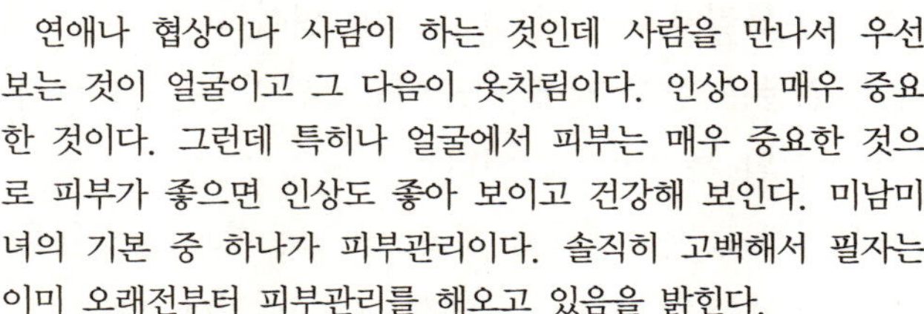

　연애나 협상이나 사람이 하는 것인데 사람을 만나서 우선 보는 것이 얼굴이고 그 다음이 옷차림이다. 인상이 매우 중요한 것이다. 그런데 특히나 얼굴에서 피부는 매우 중요한 것으로 피부가 좋으면 인상도 좋아 보이고 건강해 보인다. 미남미녀의 기본 중 하나가 피부관리이다. 솔직히 고백해서 필자는 이미 오래전부터 피부관리를 해오고 있음을 밝힌다.

　덕분에 기업에 강의 하러 가면 필자를 상당히 젊게 보아주어서 항상 감사한 마음을 가지고 있다. 독자분들도 항상 피부관리하기를 권한다.

1
피부관리의 경쟁력

흔히들 피부 관리하면 여자들이 하는 것으로 알고 있지만, 사실은 그렇지 않지요.

피부란 자신의 신체를 보호하는 최초의 보호막이라고 할 수 있습니다.

이 피부 위에 각종 옷을 계절과 장소에 맞게 입고서 신체의 체온조절과 또 자신의 일을 하기 위해서 옷을 입는 것이다.

현대에 아무리 옷을 잘입고 또 신체 부위를 노출을 안 시켜도 얼굴은 드러날 수밖에 없는 것이 현실이다.

그래서 얼굴은 항상 남에게 보이고 또 얼굴은 모두 다 다른 것이 인간의 특징이기도 하다.

요사이 필자도 사회생활을 하고 또 고등학교 동창들을 만나면 세월의 흐름을 각자 얼굴에서 느끼고 있다.

얼굴에 사람의 인생이 나타난다고 해도 과언이 아니다.

나이가 대략 35세가량이 되면 얼굴의 변화가 심하게 나타나기 시작하고 50세까지 변화가 비교적 나이에 따라서 정비

레로 노화하다가 50세가 넘으면 급격히 피부가 노화도 시작하는 것이 일반적이다.

그러면 얼굴의 노화방지와 피부관리를 통해서 젊음을 유지할 수는 없을까?

탁구를 치러 다니거나 탁구대회에서 필자를 만난 사람들이 상당수가 있는 것으로 알고 있는데 필자가 필자의 나이를 밝히기 전에는 필자의 나이를 알고 있는 사람이 없을 것이고 아마 대충 짐작은 하여도 그 짐작과는 상당한 거리(?)가 대부분 있는 것으로 알고 있다.

필자는 이런저런 이유로 인해서 피부관리에 신경을 쓰고 있다.

아무튼, 남자든 여자든 나이보다 젊게 보일 수는 없을까?

이런 질문을 하고 자기 스스로 그런 생각을 하기 전에는 누구도 남보다 젊어 보이거나 피부가 깨끗해지기는 힘들 것이다.

그러면 피부관리는 어떻게 하여야 할까?

이런 질문에 우리 탁구인들에게 이런 질문을 던지고 싶다.

어떻게 하면 탁구를 잘 칠까?

남보다 더 많은 시간과 더 효율적으로 탁구 치면서 항상 점검하고 돌아보는 방법이 기본이 아닐까?

"뜻이 있는 곳에 길이 있다."고 하였다.

피부에 관심을 안 두고 그냥 늙는 그대로 살지 하는 생각
이면 그렇게 살면 된다.

그러나 요사이에는 예전과 달리 평균수명이 길어져서 사
회생활을 오래 하는데 이제는 70이 훨씬 넘어서도 사업도
하고 왕성하게 사회생활을 하는데 얼굴이 늙은 노인의 모습
으로 사업을 한다던가 다양한 사회생활을 하기에 어쩌면 한
계와 벽을 느낄 수도 있다라고 생각한다.

그러기에 건강과 피부관리는 행복한 그리고 노년까지 활
발한 사회생활을 위해서는 중요한 요소이라고 해도 과언이
아니다.

피부관리에 대해서는 매우 평범한 정리이지만 참고로 하
여서 여러분에게 도움이 될 수 있으리라고 생각하다. 필자의
경험을 토대로 정리하고자 한다.

1. 피부노화와 얼굴의 모습이 바뀌는 것은 첫째로 근심에서
   온다.

   그러므로 항상 웃는 얼굴로 살고 어려운 일에도 긍정적으로
   생각하는 것이 가장 중요하다고 생각한다.

   우리 탁구인들이 탁구 경기에서 진다고 인상 쓰고 스트레스
   받는데 이런 경우는 탁구를 안 치는 것만도 못한 것이다.

   탁구경기 하다 사소한 것 가지고 인상 쓰고 화내는 일은
   정말로 피부 관리에 해악인 것이다.

2. 피부에 수분이 항상 공급되어야 하는 것이다.

즉 세수를 자주 하여야 한다. 세수를 하고도 수건으로 얼굴을 닦는 것이 아니고 자연스럽게 수분이 얼굴 속으로 스며들고 마르게 하는 것이 매우 중요하다.

피부에 수분이 부족하면 피부가 말라서 탄력이 주는 요소가 있다.

그러므로 항상 물과 음료수를 자주 마셔서 신체에 수분의 밸런스를 유지하여야 할 것이다.

3. 음식과 피부관리

어떤 음식이 피부에 좋다 나쁘다는 말이 있는데 필자는 별로 신경을 안 쓰는 편이다.

음식은 편식만 안 하면 모두다 신체에 유익한 영양성분이 있으므로 고루고루 먹어야 한다.

그리하여 얼굴을 유지하는 피부가 잘 지탱하여서 얼굴선이 무너지지 않고 버틸 수 있는 것이다. 가급적 평균적으로 적절한 음식을 섭취하여서 급격히 얼굴이 살이 찌거나 또는 얼굴이 마르는 경우를 피하여야 한다.

4. 살이 찌는 것과 얼굴 선이 무너지는 관계

대체로 남자들과 여자들이 얼굴 선이 무너지는 시기는 공통적인 경우가 있다.

남자들은 학교를 졸업하고 사회생활을 하면서 술자리를

가지면서 삼겹살과 소주 등 각종 회식과 더불어 나이 30
전 후에 결혼해서 사랑스러운 부인이 해주는 맛있는 음
식을 먹다가 체중이 급격히 불면서 자연히 얼굴도 살이
찌기 시작하면서 얼굴 선이 무너지고 얼굴이 고운 피부
가 까칠해지는 경우가 있다. 또한 이런 경우에 놀라서 무
리하게 살을 뺀다고 단시간에 살을 빼면 체중을 줄이는
데 체중은 원상태로 돌아오더라도 이미 얼굴은 팽창하였
다가 수축되는 과정에 얼굴 선이 무너져서 흔히 말하는
아저씨 얼굴 선을 형성하기 시작 하는 것이다.

5. 여자들은 언제 얼굴 선이 무너지는가?

결혼할 무렵에는 여자들은 피부관리도 하고 또 어떤 여자
고 결혼을 결정하고 결혼을 앞에 두고는 심리적으로 엄청
난 걱정을 하는 것이 일반적이다. 정말로 이 결혼을 하고
행복할 수 있을까? 정말로 잘한 일생일대의 결정인가 하
여서 대체로 고민하여서 오히려 얼굴 선이 약간 더 섬세
하여져서 결혼 당일은 일생일대의 아름다운 모습인데 그
런 모습이 대체로 3년을 넘기기 힘든 것이 현실이다. 결
혼하고 출산 후에 몸매가 한번 불은 후에 원상복귀과정에
서 얼굴 선이 무너지고 아기를 갖게 되면 아기에 봉사하
느라 자기관리를 소홀히 하고 또 음식도 별로 가리지 않
고(?)먹는 습관이 되어서 살이 자꾸 찌는 경우도 생기고

또 가정일 때문에 피부관리 화장품도 잘 안사는 경우도
있다고 볼 수 있다. 물론 요사이는 직장생활을 하는 분도
많이 계셔서 예전과는 다르지만 대부분 여자들은 나이보
다 결혼전 후 그리고 출산전 후에 얼굴 선이 무너져서
흔히 말하는 아줌마 얼굴을 형성하기 시작하는 것이다.
꾸준한 운동과 피부관리를 하여야 처녀 때의 아름다움을
유지할 수 있다라고 생각한다.

6. 술과 담배, 태양빛 그리고 피부관리 관계
피부관리에 가장 나쁜 것 중 하나가 담배인 것이다. 그
다음이 태양빛이다.
담배를 많이 피우면 건강은 물론이고 얼굴도 피부색이
변하는 것이 일반적이다.
그다음에 태양빛에 얼굴을 많이 노출하면 피부가 탄력을
잃고 얼굴 선이 무너지는 원인을 제공할 수 있다.
술은 마시면서 안주를 먹게 되므로 얼굴 선에 나쁜 영향
을 준다.
그러므로 술을 마신 다음 날은 알콜로 인해서 수분이 달
아난 것을 보충하고 안주로 인해서 섭취한 과도한 영양
분을 조절하기 위해서 음식의 양을 평소보다 적게 먹는
것을 권하고 싶다.
필자는 이날까지 담배는 한 번도 피워 본 적도 없고 술

도 잘 안 마시며 혹시 술을 마신 다음날은 수분 섭취와 음식 조절을 철저히 하고 있다.

7. 피부마사지를 받아보시기를 권하며

우리가 탁구를 치는데도 레슨을 받으면 생각보다 돈이 들어가고 각종대회참가와 각종 용품을 구입하는데 돈이 상당히 들어간다. 그런데도 취미와 즐거움 때문에 투자하는 것이다.

필자도 1997년 9월부터 11월까지 솔직히 말해서 명동에 여성들이 다니는 고급 피부관리실을 거액(?)을 들여서 다닌 적이 있음을 솔직히 자백(?)을 하는 것이다.

그전에는 피부가 약간은 다듬어지지 못해서 큰 결심을 하고 피부의 기본 틀을 만들고 다음부터는 알아서 각종 화장품으로 꾸준히 5년째 피부관리를 하고있다.

남자가 웬 피부관리? 이런 말은 옛말이다.

필자는 직업상 여러 사람 앞에서는 일이 많아서 피부관리와 옷에 대해서 신경을 써야 하는 것이 필수가 되었다.

그래서 요사이 같은 나이의 고등학교 동창생들 모임에 나가면 필자보고 친구들이 많이 놀라는(?) 눈치에 여러 가지 질문과 특히 동창생 부인들이 재미있는(? 공개 곤란) 말을 하여서 웃곤 한다.

8. 남자들도 각종 화장품을 사용하시기를 권하면서
어느 특정제품을 추천할 필요는 없을 것 같다. 왜냐하면
요사이 국내 화장품 수준이 상당히 높아서 효과가 상당
히 좋다는 것을 밝히고 싶다.

의외로 피부관리에는 기본으로도 다양한 화장품이 들어간다.

① 팩 : 싼 가격에 다양한 팩이 있다. 2, 3일에 한 번
   팩을 하실 것

② 폼 : 흔히 영어로 Facial Foam이라고 하는데 비누
   대신에 사용 권함

③ 남자도 피부관리를 위해서 여성용 화장품을 권한다/
   스킨과 스키 로션.

④ Anti Wrinkle Essence : 주름방지 크림이나 각종
   에센스

⑤ Eye Cream : 얼굴 중 눈 주위의 피부가 가장 약해
   서 가장 처지기 쉽다. 눈주름 방지

⑥ 영양 크림 : 얼굴 에 영양을 주어서 얼굴선 유지에
   도움 필자는 기본적으로 8가지 정도의 피부관리 화장
   품을 늘 사용하고 있다.

이외에도 기본적으로 다양한 화장품이 있으나 남자 분들은
자신의 애인이나 부인에게 상담하면 쉽게 알 수 있다.

2
의상 · 화장의 경쟁력

세상에 수많은 상품이 있는 것이다. 심지어 이 책도 상품인데 상품이라고 하는 것은 크게 내용과 포장으로 구분되는 것이다. 우리 속담에 기왕이면 다홍치마라고 하였고 또 보기 좋은 떡이 먹기도 좋다.라는 말도 있으며 옷이 날개다.라는 말도 있다. 어째서 그 비싼 수입 명품들이 많이 팔리는가를 거꾸로 생각을 해보아야 한다. 특히나 중년의 여인들이 비싼 옷과 가방 시계에 왜 그리 열광하는가? 과거의 역사를 보더라도 임금과 신하는 옷이 다른 것이다. 신하도 벼슬의 수준 즉 계급에 따라서 옷이 다른 것이다. 다시 말해서 옷은 그 사람의 계급이요 사회적 신분이다. 그러면 사회활동을 하는 사람을 빼고 나머지 사람들은 어디 가서 내놓을 명함이 없는 것이다. 특히나 여인들은 모두다 전업주부로 동네 아줌마이다. 사장 부인이고 정치가 부인이고 엄격히 말하면 사회적인 직책이 없다. 그런데 이런 사람들이 어디가서 그저 그런 동네아줌마 대접을 받고 싶어할까? 아니다. 우리 남편이 누구이고 그래서 남편의 사회적인 위치와 동격으로 착각하는 것이다. 물론 이 현상은 바람직한 것은 아니다. 필자의 시각 으로는 다 동네 아줌마이고 사회적인 신분은 없는 것이다. 그래서 이 여인들은 남들이 입지 못하는 비싼 옷, 시계, 핸 드백 등으로 몸치장을 하는 것이다. 나를 봐주고 알아 달라 고 하는 심리가 깔려 있는 것이다.

같은 상품도 디자인과 포장에 따라서 상품 경쟁력이 달라 지는데 만물의 영장인 사람은 이보다 사실은 더한 것이다. 그러기에 외모는 중요하지 않다.라고 하는 것은 매우 현실과 다른 것이다.

정말로 연애를 할때는 때와 장소와 분위기에 맞는 옷과 특히나 여인들은 적당한 화장을 하고 상대를 만나는 것이 기본적인 예의이다. 꼭 비싸고 화려한 것으로 치장하라는 것 은 아니다. 그러나 기본적으로 깔끔하고 남이 보기에 단정한 모습이 기본인 것으로 남녀 모두 이런 점에 항상 유념하여 정리하는 것이다.

여인들은 화장은 모두 다 알아서 잘하리라고 생각하겠지 만 필자가 보면 아주 멋진 여인들도 멋진 옷에 화장도 예쁘 게 하였는데 그만 목에는 신경을 쓰지 않아서 얼굴의 색조 와 목과는 아주 다른 화장을 하는 모습에 마무리를 못하는 여인이구나 하는 인상을 주는 여인도 있다.

정말로 남자들은 여인들의 화장하는 모습을 보고 여러 가지 생각과 나름대로 판단을 하고 있음을 여인들은 항상 인식하여서 더욱더 화장에 대해서 공부하는 것도 중요한 사항이다.

아울러 비즈니스하는 사람은 남녀 모두 이상과 각종 소품을 갖추는 것은 매우 중요한 비즈니스 매너이자 전략인 것이다. 필자는 가끔 기업 등에서 국제비즈니스 매너를 강의하여 왔다. 어떤 분은 기업의 중역인데도 불구하고 명함을 교환하는데 명함을 돈지갑에서 꺼내는 것을 보고 참 잘못된 생각이라는 것을 하곤 한다. 남녀모두 비즈니스하는 사람은 명함은 따로 자그마한 명함지갑에서 명함을 꺼내서 상대방에게 주는 것이 아주 기본이다. 그렇지 않으면 초면에 이미 상대방이 보기에 다소 촌스러운 사람이고 세련되지 못한 아마추어라는 생각을 하게 될 수도 있다. 그리고 볼펜이나 만년필을 중고등학교 수준의 제품을 사용한다고 하면 이 또한 문제가 있는 것이다. 그러므로 세련된 협상가는 협상상황, 상대의 직책, 협상의 주도권, 상대가 내국인인가 외국인인가 등등의 모든 요소를 파악하여서 자신이 주연배우라는 생각으로 자신을 코디하는 것이다.

화장

화창한 봄날에 걸어가는
걸어가는 한 여인으로부터 날아오는 향수의 진동에
두 눈이 아른 아른

아른거리는 체취에
이국땅의 식물원에 온 듯이 생각되어
살며시 눈을 떠보니 그 여인은 가 곳 없고
솜사탕 같은 봄빛만

날이 저물어 어둑어둑한데
누구를 기다리는 한 미인의 입술이 도톰하게 보이고
도톰한 입술에는 분홍색 립스틱이 어여쁘게
나를 유혹하려는가

낮에는 정숙하게 그린 눈썹모양이
저녁에는 눈썹 끝을 바꿔 그리고
짙은 눈 화장으로
새로운 애인을 만나러 가나

물오른 두 볼에
조화롭게 그린 색조화장은
어느덧 제법 인생을 살았는가!

흑적색으로 칠한 매니큐어는
도도한 자태가 흐르고

거울앞에서 기초화장을 하는 모습에서
또 다른 자태가 엿보이고

화려한 외출에서 돌아와
화장을 지우기 위해 크림을 얼굴에 바를때
허전한 마음과 또 다른 기다림이 교차하고

매일 매일 곱게곱게 바꾸는 화장 속에 인생길이
보이는 듯

화장을 통한 여인의 모습
순간순간의 여인의 인생이요
알 수 없는 여인의 심성이라.

이 글은 미모가 뛰어나면서도 화장을 예쁘게 잘하던 어떤 여인을 보고서 그 여인과 만나서 업무이야기를 하고 돌아서는 그 여인의 모습을 생각하면서 평상시에 여인들의 화장에 대한 생각을 정리한 글이다.

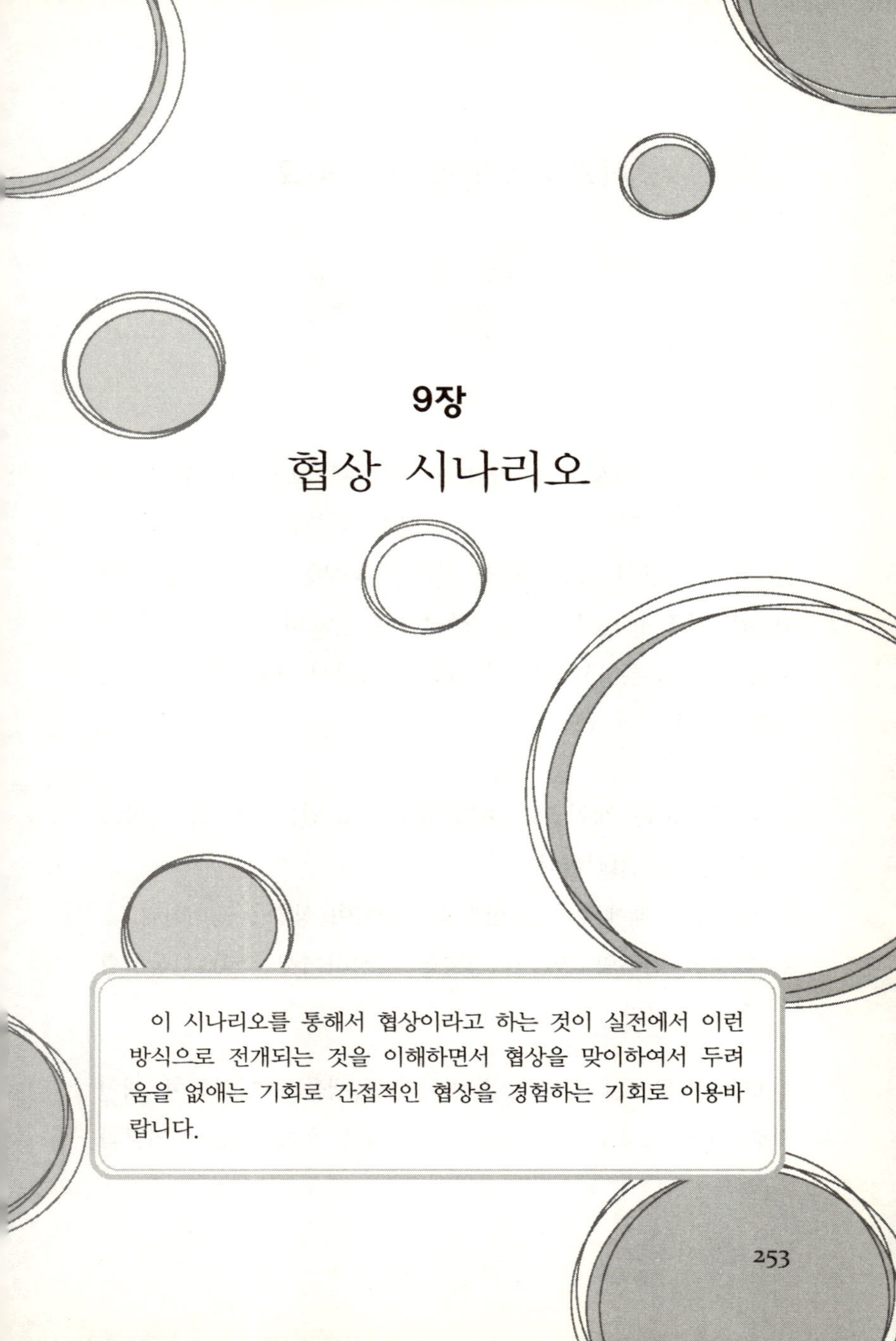

9장
협상 시나리오

이 시나리오를 통해서 협상이라고 하는 것이 실전에서 이런 방식으로 전개되는 것을 이해하면서 협상을 맞이하여서 두려움을 없애는 기회로 간접적인 협상을 경험하는 기회로 이용바랍니다.

1
비즈니스협상 시나리오

이 과정은 협상스킬과정을 시작할 때 교육생과 협의하여 개인별 또는 각 조별로 이 과정에서 진행할 다양한 상황을 준 후에 협상의 각종이론과 사례를 공부한 후에 각각 국어로 된 비즈니스협상사례를 작성하여 발표하는 시간을 갖은 후에 함께 토론하고 더욱더 발전된 협상시나리오를 작성하는 시간입니다.

1. 각 팀 또는 개인별로 현재 담당하고 있는 업무를 바탕으로 상황을 정리한다.
2. 앞으로 미래에 벌어질 상황을 가정하여 상황을 정리한다.
3. 다양한 업무와 관련된 상황을 가정하여서 각종 협상상황을 정리한다.

교육 진행 1일 차와 2일 차에 교육생들과 협의하여 개인별로 진행할 상황을 구체적으로 정리한 후에 협상의 이론과 사례를 공부하면서 각자 어떠한 협상을 진행할 것인가를 연습을 해본 후에 과정 최종 과정에서 비즈니스협상 시나리오를 작성 후에 발표 토론하는 과정입니다. 그리하여 개인별 또는 개인별 또는 팀별로 실질적으로 다양한 상황에서 비즈니스협상력을 실질적으로 향상시키는 중요한 과정입니다.

비즈니스 협상 시나리오 구성 기본 틀

1. 쌍방 간의 적절한 인사말
2. 협상을 위한 도입부
3. 협상진행상황
4. 양보와 절충
5. 거래 타결이나 미결

이렇게 하는 것이 협상 시나리오의 기본이라고 할 수 있으나 각각의 회사나 제품별 또는 프로젝트별로 협상은 상당히 축약되어서 진행할 수도 있다.

그래도 학습을 위해서 전반적인 협상 시나리오를 작성하는 훈련을 통해서 더욱더 세련된 비즈니스 협상을 할 수 있는 능력을 증진시켜야 할 것입니다.

2
구매협상 시나리오

　　이 시나리오는 필자가 한라공조 직원들을 대상으로 2007년 11월에 비즈니스협상교육을 진행하면서 진행한 협상시나리오 실습 중에서 두 개를 골라서 독자들에게 소개하는 것이니 참고 하기 바란다. 아래 등장하는 인물은 협상 교육을 위한 가상 인물이다.

상황1

한라공조 내수 구매부의 김영성 대리는 에어컨 히터 시스템의 히터유닛의 부품인 온도 조절용 에어 믹스도어의 부품공급업체인 피닉스 기공의 영업 담당인 천기석 과장과 미팅을 하고 있다.

김대리 : 안녕하세요. 천과장님 반갑습니다. 날씨가 이제는 가을이 바로 지나고 벌써 겨울로 가는지 아주 쌀쌀해지고 있습니다. 가을 단풍 구경을 다녀오셨나요?

천과장 : 김대리님 반갑습니다. 정말로 올 한해도 이렇게 지나고 있습니다.

저는 처갓집이 정읍이라서 와이프하고 처갓집에 갈 겸 내장산에 가서 가을의 단풍 구경을 하고 왔습니다.

김대리 : 저는 꼭 한번 가고 싶었지만, 내장산을 아직도 못 가 보았습니다.
내장산 단풍이 정말로 으뜸이라고 하던데요.

천과장 : 아주 절경입니다. 그런데 올 한해는 국내외적으로 이상한 사건도 많았고 또 다음 달이면 대선선거가 있는 중요한 한 해입니다.

김대리 : 그렇습니다. 아프가니스탄 납치사건이라던가 신정아 사건 그리고 연예인들의 저속한 이별사건 등등 아주 이해하기 힘든 사건의 연속입니다.

천과장 : 그렇습니다. 인간이란 만남보다 이별이 아름다워야 하는데 헤어지면서 그렇게 서로가 가슴에 못을 박고 또 서로가 흙탕물로 들어가서 싸움을 하고 나서 헤어지면 정말로 돌이킬 수 없는 막다른 골목으로 들어가서 쌍방이 다 세상에서 영원히 매장당하는 것이 아닌가요?

김대리 : 천과장님 말씀에 동의합니다.
정치고 경제고 또 평범한 인간이고 그런 것이 가장 보기 싫은 경우이지요.
헤어지고 또 만나고 그런 것이 인간 세상사 아닌가요?
만날 때는 헤어질 때를 생각하고 헤어질 때는 또다시 만날 날을 생각하여야 하지요.

천과장 : 그러니까 항상 서로를 고객으로 대하여야 합니다.

김대리 : 그런데 지난주 말씀하시기를 2008년부터 부품의 공급
　　　　가를 인상하여야 한다고 하시더군요.

천과장 : 예 그렇습니다.
　　　　서로의 입장이 달라서 솔직히 이런 이야기가 저 역시
　　　　하기 힘든 이야기입니다.
　　　　또한, 한라공조가 우리 회사로서는 가장 중요한 거래
　　　　처이기도 한데도 불구하고 이런 말씀을 드리기가 정말
　　　　로 힘든 상황입니다.

김대리 : 저 역시 정말로 구매팀에 근무하면서 정말로 이런 상
　　　　황이 힘이 듭니다.

천과장 : 그러니까 다 회사 일을 하는 것이 아닌가요?

김대리 : 천과장님의 말씀을 좀 더 들어보고 싶습니다.

문제1) 이후에 전개되는 시나리오에 대해서 각자 작성하여보
　　　　세요.

문제2) 한라공조의 입장에서 오히려 공급가격을 낮추어야 할
　　　　상황이라는 취지로 시나리오를 전개하여보시기 바랍
　　　　니다.

문제3) 천과장의 피기스기공의 부품이 월등한 품질과 또한
　　　　독점 공급업체일 경우에 어떤 대응을 할 것인가?

문제4) 이 부품의 공급업체가 두 개의 복수 공급업체일 경우
　　　　에 어떤 대응을 할 것인가?

그러나 다른 공급업체의 공급물량으로도 한라공조의
수요를 다 충족하지 못하는 상황일 경우에는?

문제5) 천과장과 협상이 결렬되어서 1주 후에 김대리 대신
박성호 과장이 천과장을 만나서 협상하는 상황을 전
개하여보세요.

한라공조의 영업 1팀의 이기한 과장은 주요거래처인 현대자동차 내자
구매팀이 있는 울산의 현대자동차 본사로 출장을 가서 현대자동차의 내
자 구매팀의 정성만 차장을 현대자동차 미팅룸에서 만나고 있다.

정차장 : 멀리 오시느라 고생하셨습니다.

이과장 : 별말씀을요!
저는 울산에 오는 것이 아주 즐겁습니다.
여행을 한다고 생각하면서 오니까 즐겁고 그렇습니다.

정차장 : 아주 일을 즐겁게 하시는군요.

이과장 : 그렇습니다. 항상 긍정적으로 생각하고 또 즐겁게 일
하고 있습니다.

정차장 : 그러시군요. 저 역시 즐겁게 일합니다.
일하는 것이 행복이고 건강의 지름길입니다.
이과장님은 혹시 운동을 하시나요?

이과장 : 저는 탁구를 칩니다.
틈틈이 시간 내서 탁구도 치고 또 1년에 몇 번은 생활
체육탁구대회도 출전합니다.

정차장 : 그러시군요. 저도 탁구를 칩니다. 울산 현대 자동차회
         사 내에도 탁구장이 여러 군데 있습니다. 어제 저와
         한게임 하시지요.

이과장 : 좋습니다. 저는 쉐이크핸드로 탁구를 칩니다.
         정차장님은?

정차장 : 저는 유승민 선수처럼 펜홀드입니다.
         호쾌한 드라이브 한방에 탁구를 칩니다.

이과장 : 그러면 오늘 미팅 마치고 한게임 하시지요.

정차장 : 오늘이 금요일이니 이과장님도 저와 한게임하고 저녁
         드시고 내일 토요일 가셔도 될 것 같습니다.

이과장 : 예 감사합니다.

정차장 : 그런데 한라공조의 단가가 계속해서 오르는데 저도 이
         문제 때문에 업무적으로 아주 스트레스가 심합니다.
         회사 다니면서 스트레스를 받는 것 때문에 월급을 받
         는다고 하기는 하지만!

이과장 : 저 역시 물건 가격 올리는 것 정말로 어렵기는 마찬가
         지입니다.
         솔직히 저도 공급가격을 내리겠다고 하면서 영업하면
         얼마나 좋겠습니까?

정차장 : 이과장님 말씀하시는 것이 너무 세련되어지고 계십니다.
         저한테 선수를 치시네요.

이과장 : 하하 정차장님께서 별말씀을 다 하십니다. 감사합니다.

문제6) 이 상황에 이어서 어떤 협상이 전개되어 질 것인지 전개하여보세요.

문제7) 정차장이 한라공조가 공급가격을 계속해서 올려서 회사에서는 장기적으로 공급선을 바꾸는 상황을 회사내에서 검토한다고 하는 말을 하면서 공격적으로 나올 경우는?

문제8) 이과장은 공급가격을 10% 이상 올려야 한다고 하는 논리를 어떤 방법으로 할지 논리 정연하게 전개하는 시나리오를 구성한다면?

문제9) 정차장이 오히려 공급가격을 10% 이상 인하주장을 들고 나오는 상황의 시나리오를 구성한다면?

문제10) 이과장은 가격 인상에 실패하고 대신에 물량을 증가시키는 상황으로 협상이 전개되는 협상시나리오를 구성하여보시기 바랍니다.

이런 상황을 주고서 교육생들에게 각자 한 개의 문제를 정해서 이에 대한 시나리오를 작성하는 실습을 통해서 작성된 두 개의 시나리오 레포트를 소개한다.

> 문제 4) 이 부품의 공급업체가 두 개의 복수 공급업체일 경우에 어떤 대응을 할 것인가? 그러나 다른 공급업체의 공급물량으로도 한 라공조의 수요를 다 충족하지 못하는 상황일 경우에는?

천과장 : 김대리님도 요즈음 익히 들어보셔서 아시겠습니다만, 최근 유가 상승 등 원자재 가격 상승으로 생산 비용의 증가 폭이 당사가 부담할 수 있는 한계점을 넘어 적자 폭이 커지고 있습니다.

김대리 : 물론 그러한 점은 이해합니다. 당사도 완성차 납품에 있어, 그러한 점이 부담되는 것은 사실입니다. 하지만 우리는 완성차의 단가 인하 압박에 원가 절감 등으로 완성차 납품 단가를 맞추는 현실입니다.

천과장 : 김대리님 말씀처럼, 당사도 최근 5년간 원가 절감, 기술 개발 등으로 단가를 유지해 왔습니다. 하지만 아시다시피 해당 부품에 수입 원자재 비중이 워낙 높다보니 그렇게 되었습니다.

김대리 : 물가가 자꾸 올라서 큰일입니다. 피닉스 기공의 문제는 이번만이 아니라 향후 고유가 시대에 연속적으로 생길 문제여서 실무를 담당하고 있는 저의 입장에서는 아주 난처한 일입니다.

천과장 : 난처하시다니까 제가 김대리님께 숙제만 드린 것 같습니다.

김대리 : 천과장님도 아시다시피 우리 한라공조의 에어믹스 도어
　　　　 납품업체에는 피닉스 기공 외에 승리공업사도 있지 않
　　　　 습니까?

천과장 : 예, 알고 있습니다.

김대리 : 피닉스 기공의 공급가 인상 요청의 입장은 이해합니다
　　　　 만 한라공조 담당 실무자로서 말씀드리면, 피닉스 기공
　　　　 의 물량을 조금 더 돌려 준다면 승리공업사에는 오히
　　　　 려 단가를 낮추겠다고 제안을 받고 있는 현실입니다.

천과장 : 그래서 김대리님께 조언을 듣고자 이렇게 부리나케 온
　　　　 것 아니겠습니까?

김대리 : 제가 큰 조언을 드릴 수 있겠습니까? 같이 한 번 고민
　　　　 해 보기로 하시지요. 사실 최근 승리공업사는 납품 기
　　　　 일 · 품질 등에 문제가 있어 페널티로서 물량을 피닉스
　　　　 기공에 주려고 내부적으로 결정된 상황입니다. 물량을
　　　　 더 준다면, 피닉스 기공 측에서 단가 인하 여지가 있
　　　　 을 것 같습니다만…

천과장 : 아이고 김대리님이 좋은 조언을 주시는군요. 실무자로
　　　　 서 확언을 드리기는 어렵지만 물량증가가 담보 된다
　　　　 면, 어느 정도 단가 조정에 여유가 있을 것 같습니다.
　　　　 일단 회사에 이러한 점을 보고하고 김대리님을 뵈었으
　　　　 면 합니다만…

김대리 : 네, 그렇게 하시지요. 회사에 보고하시고 차후 미팅시
　　　　 간을 잡도록 합시다.

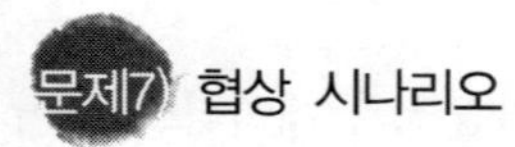 협상 시나리오

> 정차장이 한라공조가 공급가격을 계속해서 올려서 회사에서는 장기
> 적으로 공급선을 바꾸는 상황을 회사 내에서 검토한다고 하는 말을
> 하면서 공격적으로 나올 경우는?

정차장 : 최근 한라공조의 지속적인 납품가 인상에 대해 회사
내부적으로 특히 구매본부장님의 불만이 크신 편입니
다. 그래서 새로운 공급업체의 발굴이 필요한 시기가
아닌가 하는 내부의견이 조금씩 늘어가고 있는데 걱정
입니다.

이과장 : 그렇습니까? 이거 큰일이군요. 아시다시피 올해 초부
터 국제 원자재 가격이 크게 상승해 원자재 대부분을
수입에 의존하고 있는 저희로서는 인상분 전부를 감당
하기 힘들어 납품가 5% 인상이 불가피한 상황입니다.

정차장 : 저도 한라공조의 어려운 상황은 이해가 가지만, 작년
대비 10% 이상의 환율 하락을 고려해볼 때 원자재 가
격 인상 임팩트는 한라공조 내부에서 흡수할 수 있으
리라 생각합니다만..

이과장 : 환율이 비록 10% 이상 하락하였으나 국제 알루미늄
및 유화제품의 가격 인상폭이 35% 이상이어서 더 이
상 내부적으로의 흡수가 불가피한 상황입니다.

정차장 : 이과장님도 잘 아시겠지만, 제품의 대부분을 수출에
의존하고 있는 우리로서는 현재의 환율하락은 크나큰
위기입니다. 또한 회사의 모든 역량이 원가절감에 기

울여져 있는 지금 더 이상의 단가 인상은 받아들이기
힘들고 만약 인상된다면 저희로서는 신규업체 발굴에
나설 수 밖에 없을 것 같습니다.

이과장 : 그렇군요. 저희 한라공조는 창업 이후 계속 현대자동
차와 한가족과 같은 관계를 맺으며 성장해왔습니다.
어려운 시기일수록 더욱 서로 도와나가야 할 것 같은
데 이번에도 그런 모습으로 문제가 잘 해결되었으면
좋겠습니다.

정차장 : 그럼요. 한라공조는 우리 현대자동차에 없어서는 안
될 중요한 협력업체지요. 앞으로도 가족같이 긴밀하게
협조하고 동반자의 입장에서 서로 성장해나가야지요.
그럼 3일 후 미팅 때 한라공조의 단가인상에 대한 근
거자료 및 인상 조정안 그리고 향후 원가절감 액션플
랜을 제출해 주시기 바랍니다.

이과장 : 감사합니다! 차장님. 돌아가서 현대자동차에 최대한으
로 영향이 적게 미치는 방안에 대해 심도있게 논의해
보고 대안을 찾는 데 노력해보겠습니다.

정차장 : 좋은 소식 기대하겠습니다. 그럼 다음 미팅 때는 서로
가 win-win 할 수 있는 결과가 나오도록 해봅시다.

—— 3일 후 ——

이과장 : 어제오늘 기온이 많이 떨어져 매우 추운 것 같은데 정
차장님 감기 조심하셔야 할 것 같습니다. 저는 감기
기운이 조금 있는 것 같습니다.

정차장 : 그러게요 우리집 막내도 어제 감기 때문에 병원에 갔
　　　　있는데 몸조리하셔야 할 것 같네요. 감기가 독한 것
　　　　같더라구요.

이과장 : 저도 지금부터 몸 관리해야겠네요. 그럼 본론으로 들
　　　　어가서 내부적으로 많은 상의를 해본 결과 국제 원자
　　　　재 가격 추세가 올 연말부터는 어느정도 풀릴 수 있
　　　　다는 유력 경제연구소들의 전망과 전사적인 VE/VA
　　　　활동 추진 및 심화를 통해 가격 인상분 대부분을 내
　　　　부적으로 흡수하기로 하여 3.7%의 인상안을 책정하
　　　　였습니다.

정차장 : 음. 한라공조에서 제출한 인상가 책정의 근거자료 및
　　　　VE/VA계획을 리뷰해봐야 알겠지만 우리 기대보다는
　　　　조금 미흡한 것이 사실입니다. 조금 더 인하할 생각이
　　　　없는지요?

이과장 : 정차장님, 아시다시피 저희 한라공조는 현대자동차 품질
　　　　5스타와 최우수 VE/VA활동 업체로서 회사의 거의 모
　　　　든 역량을 현대자동차에 쏟아 붙고 있습니다. 저희의
　　　　이런 노력과 납품업체와의 상생관계를 고려하시어 이번
　　　　인상안이 받아들여질 수 있도록 제발 도와주십시요.

정차장 : 그럼 2.9% 인상 어떤가요? 인상폭은 제출한 안보다는
　　　　조금 낮겠지만 받아들여진다면 다음 달에 있을 소나타
　　　　후속 모델 담당 업체 선정 때 한라공조에 조금 더 메
　　　　리트가 주워질 수 있도록 하겠습니다.

이과장 : 차장님. 정말 거절하기 힘든 안을 제시하시는군요. 소
나타 후속 모델 업체 선정과정에 가점을 주신다면 저
희도 2.9%안에 동의하겠습니다. 앞으로도 이제까지의
좋은 관계를 계속 이어나갈 수 있는 계기가 이번에 마
련되어 정말 기쁩니다.

정차장 : 우리 현대자동차와 한라공조 모두가 만족하는 결과가
나온 것 같아 저도 기쁩니다. 무한 경쟁시대에 더욱 밀
접하게 협력하는 관계를 가질 수 있도록 노력해 봅시
다. 날도 추운데 옆에 휴게실에서 따뜻한 커피나 한잔
하시면서 살아가는 이야기나 좀 하시죠.

이과장 : 감사합니다. 그렇지 않아도 저도 차장님께 커피 한잔
사드릴 참이었는데 좋습니다.

해설   : 한라공조 직원들이 해당 업무를 하는 직원들이 필자가
제출한 문제를 이해하고 교육장에서 작성한 시나리오
를 발표하여서 교육생의 질문과 필자의 보완을 위한
해설을 들은 후에 작성한 시나리오로 상당히 완성도
가 높은 시나리오이다.

3
의료관광협상 시나리오

의료관광협회(www.mtakorea.kr)은 의료와 관광을 접목시키는 새로운 고부가 가치의 관상과 의료를 혼합한 사업을 위한 여러 사업을 수행하는 협회인데 이 협회에서 인재양성 과정에 협상 교육을 필자와 2007년 12월에 실시하였다.

다소 생소한 분야라서 필자는 고민하여서 새로운 시나리오를 고안하여서 참가자 모든 학생들로부터 협상 사니리오를 레포트로 제출받았는데 대부분 매우 우수한 시나리오를 작성하였다. 그중에 2개를 소개한다.

상황1

메디컬 투어 매니저인 김지은씨는 싱가포르를 방문하여서 싱가포르의 여행사인 라이온투어 대표인 홍기철 사장과 만나고 있다. 홍기철 대표는 한국인으로 싱가포르에 진출하여서 여행사를 경영하고 있다.

홍   : 안녕하세요. 이렇게 싱가포르까지 와주신 것에 대해서 대단히 감사드립니다.

전화와 메일을 통해서 인사하고 나서 이렇게 뵈니 아
주 반갑습니다.
그리고 이렇게 미인을 뵈어서 영광으로 생각합니다.

김   : 너무 과찬이십니다. 관광회사를 경영하시는 사장님이
시라 칭찬을 잘 하시나 보군요?

홍   : 아닙니다. 정말로 미인이시군요. 그런데 싱가포르는 처
음 오셨나요?

김   : 아닙니다. 처음은 아니고 예전에 여름에 휴가 여행으
로 싱가포르를 왔었습니다.

홍   : 그러시군요. 인상적인 곳이 있나요?

김   : 아주 즐거웠었습니다.
아주 작은 나라가 관광산업이 발달하고 아주 인공적으
로 관광 물을 만들어서 관광사업을 하는 나라로 기획
력이 대단하다고 느끼고 있습니다.

홍   : 김지은님은 아주 관찰력이 대단하고 전체를 한가지로
통합하는 어휘력도 대단하시군요.

김   : 과찬이시군요.

홍   : 그런데 이번에 방문하신 목적이 메디컬 투어 프로젝트
와 관련하여서 저와 상의하려고 하신다고 들었습니다.

김   : 네 그렇습니다. 보다 고부가 가치의 새로운 관광산업
으로 한국의 관광산업의 새로운 분야로 무한한 가능성
이 있는 새로운 고부가 가치를 창출하는 산업입니다.

문제1) 이 시나리오 다음에 어떤 대화가 진행할지 전개하여 보세요.

문제2) 김지은씨는 홍기철 사장에게 싱가포르의 관광회사의 대표들을 초청해서 한국의 메디컬투어 프로그램 설명회를 개최하자고 하는 업무 추진에 대해서 전개하는 시나리오를 전개하여보시기 바랍니다.

문제3) 김지은씨는 홍기철 사장에게 김지은씨가 진행하는 성형외과와 관광산업을 조합으로 하는 메디컬 투어의 싱가포르 총영업본부의 역할을 맡아 줄 수 있는가 하는 건에 대한 협상을 진행하여보세요.

문제4) 홍기철 사장이 긍정적인 입장을 취한 경우에 서로 이익배분에 대한 협상을 진행하여 보세요.

문제5) 홍기철 사장이 과도한 이익배분을 요구하였을 경우에 김지은씨가 대응하여서 설득하는 과정을 작성하여보세요.

상황2

한국의 우주여행사의 대표인 정상은 사장과 메디컬투어 매니저인 전경진씨는 서울의 신라호텔에서 만나서 지난번 메디컬 투어를 한 것이 외국 여행객으로부터 불만이 제기되었다는 점에 대해서 서로가 상의를 한다.

전   : 사장님 안녕하세요. 사업은 잘되시지요.

정　　: 글쎄 요사이 한국의 원화의 강세로 인해서 인바운드와
　　　　아웃바운드가 아주 대조를 이루고 있습니다. 한국이
　　　　비싼 나라이군요. 여러 가지 부정적인 요소가 있습니다.

전　　: 이해합니다.

정　　: 글쎄요 동전의 양면이지요. 그러니까 관광산업은 인바
　　　　운드와 아웃바운드에서 강점을 보고 사업의 전략을 짜
　　　　는 것입니다.

전　　: 저 역시 그런 생각을 하고 있습니다.

정　　: 아무튼 이번에 실시한 1차 메디컬 투어의 반응이 예상
　　　　보다 나쁜 반응이 나온 것에 대해서 죄송하게 생각합
　　　　니다.

전　　: 사장님께서도 여러 가지로 고생을 많이 하셨는데 그렇
　　　　게 되었습니다.

정　　: 사업은 항상 어려운 것입니다.

전　　: 1차의 결과를 가지고 2차부터는 보완할 수 있다는 교훈을
　　　　얻은 것으로 생각하면 아주 긍정적이라고 생각합니다.

정　　: 그런 생각을 하시다니 대단합니다.
　　　　좀 더 적극적으로 다시 기획하도록 하겠습니다.

전　　: 2차의 보완점의 키워드(Key Word)는 차별화로 생각
　　　　합니다.

문제6) 이후에 어떤 시나리오가 전개될 수 있을 것인가?

문제7) 전경진씨는 정상은 사장에게 1차와 다른 관광 프로그램기획을 요청하는 시나리오를 전개하여보세요.

문제8) 정상은 사장은 전경진씨에게 피부관리에 관한 메디컬 투어를 공동으로 기획하자고 하는 시나리오를 구성하여 보세요.

문제9) 정상은 사장과 전경진씨는 이 사업의 발전을 위해서 외국의 의료관광사업의 발전을 위해서 다음 달에 미국의 LA를 방문해서 한국의 교포를 대상으로 한국으로 의료관광객 을 유치하는 전략을 위한 논의를 하는 과정을 전개하여보세요.

문제10) 전경진씨는 정상은 사장에게 커미션을 올려달라고 하는 과정을 논리적으로 작성하여보세요.

문제4) 협상 시나리오

김 　： 사장님께서 이 새로운 분야에 흥미를 느끼시고, 관심을 가져주시니 저로서는 기쁘고 반가울 따름입니다.

홍 　： 사실, 싱가포르의 관광 산업이 눈부신 성장을 이루었지만, 현재 관광 산업이 포화된 상태이기도 합니다. 저도 이번 기회에 이런 새로운 분야를 알게 되어 내심 기쁘고, 다른 여행사보다 차별화된 경쟁력을 갖추게 된 것 같아 좋은 기회라 생각되는군요.

김　　：역시 홍기철 사장님은 사업을 보시는 안목이 탁월하시
　　　　군요.

홍　　：자, 그렇다면 본격적으로 의료 관광 산업에 대하여 이
　　　　야기를 나눠보시지요. 제가 김지은씨의 병원과 계약을
　　　　체결할 경우 이익배분은 어떻게 될지 병원의 입장을
　　　　듣고 싶습니다.

김　　：사실 그 부분에 있어서 저희 병원도 무척 고심하였습
　　　　니다. 현재 시작하는 단계이고 저희 병원이 의료 관광
　　　　쪽으로 지출이 많아 정확히 절반으로 나누는 것은 어
　　　　렵지 않을까 생각합니다. 그래서 병원이 7, 여행사가
　　　　3으로 내부에서는 결정하였습니다.

홍　　：아... 그러시군요... 하지만 저희 쪽에서도 이익배분에
　　　　관하여 내부에서 상의를 해 보았습니다. 사실, 7:3으
　　　　로 나누기엔 저희 입장에서는 무리가 있을 듯합니다.
　　　　의료 관광 산업이 무한한 가능성이 있고, 새로운 고부
　　　　가 가치를 창출하는 산업이라고는 하지만 아직까지 싱
　　　　가포르에서 한국으로 가는 의료 관광 인식이 낮고, 홍
　　　　보 면에서도 부족한 것이 현실입니다. 이러한 상황에
　　　　서 저희도 모험을 걸고 위험을 감수하는데 7:3이면 위
　　　　험부담이 너무 크다고 생각됩니다.

김　　：여행사의 입장도 충분히 이해가 갑니다. 하지만, 저희
　　　　병원 측 입장도 한번 헤아려 주십시오. 현재 병원 재
　　　　정도 충분하지 못한 상황에서 좀 무리하게 투자하여
　　　　싱가포르에서 홍보에 집중하고 있습니다. 저희 병원이
　　　　재정적으로 안정화에 들어가려면 이번 사업이 물론 성

공을 거두어야 하겠지만 이익이 발생할 경우 당분간 내실을 다져야 할 것 같습니다.

홍 : 현재 저희도 의료관광 홍보나 고객 모집에 적지 않은 경비와 인력을 투여하고 있습니다. 이러한 상황에서 이 사업이 원활하지 못할 경우 기존의 관광 사업조차 흔들릴 수 있는 위험을 안고 있습니다. 이익배분이 7:3이라면 현재로써 저희는 계약을 타결하기가 어렵지 않을까 생각되는군요.

김 : 아... 양측의 입장이 너무 팽팽하군요. 하지만 저희는 이 사업을 매우 긍정적으로 바라보고 있습니다. 이 의료 관광 산업 추진에서 여행사와의 계약은 가장 중요하다고 해도 과언이 아닙니다. 홍기철 사장님께서 이렇게 말씀하시니 저도 본사와 다시 한 번 상의를 해보겠습니다.

홍 : 어려우시겠지만, 저희들 입장도 좀 생각해주세요. 저희들 또한 이 기회를 놓치고 싶지 않습니다. 또 기왕 하게 된다면, 귀사와 함께 일했으면 하는 바람 입니다.

김 : 알겠습니다. 제가 본사로 돌아가 잘 조율해보도록 하겠습니다. 양측 모두 만족할만한 답을 찾아야겠군요. 오랜만에 싱가포르에 와 보니 역시 이 분야로 의료 관광 산업을 택한 것이 잘했다는 생각이 드는군요. 꼭 계약이 체결되어 함께 새로운 세계를 개척하게 되길 기대해 봅니다.

홍 : 예, 그럼 연락 기다리겠습니다.

정   : 그렇습니다. '남이 잘되니, 우리도 해보자'는 생각에서
          외국의 성공사례만을 벤치마킹할 것이 아니라 우리나라
          실정에 맞는 가장 한국적인 의료관광 모델을 개발하여
          특성화 전략을 전개해야 할 것입니다. 2차를 보완할 수
          있는 차별화로 생각해둔 아이템이 있으신지요…

전   : 두 가지를 생각해보았습니다. 우선 하나는 '템플스테이'
          입니다. 병원에서 수술 혹은 건강검진을 받고 우리나라
          의 전통문화의 보고이자 불교문화가 잘 보존된 전통사
          찰에서 몸을 요양하고 정신을 수양할 수 있는 사찰문화
          체험이야말로 의료와 결합한 한국의 문화관광상품으로
          외국인의 관심을 고조시킬 수 있다고 생각합니다.

정   : 좋은 생각입니다. 특히 불교문화를 접하지 못한 서양
          인들에게 인기가 많을 것 같습니다.

전   : 그렇습니다. 실제로 2002년 월드컵 때 외국인들의 숙
          박문제를 해결하고 한국의 전통문화를 알리고자 실시
          했던 이 프로그램이 세계 많은 언론을 통해 보도되면
          서 외국인의 관심을 끌고 있습니다.

정   : 저도 언론을 통해 템플스테이를 보고 신 인바운드 상
          품으로 적절하다는 생각을 했었습니다.
          하지만 한 편으로는 외국인에게는 생소한 체험프로그
          램이라 홍보하는데 어려움이 있을 것 같습니다.

전   : 무슨 말씀인지 알겠습니다. 저 역시 그 부분에 관해
          걱정을 했었습니다. 하지만 현재 우리나라 문화관광부
          에서도 템플스테이를 관광인프라 구축 차원에서 의미

있는 사업으로 평가하면서 한국의 외국홍보 영상물을
통하여 세계 각 국에 템플스테이를 홍보하고 있습니
다. 국가적으로 적극적인 지원이 이루어지는 실정에서
저희가 관광상품으로서 기획을 잘한다면 충분히 성공
할 수 있다고 생각합니다.

정　　：노력을 많이 하셨군요. 템플스테이와 의료를 연결시킬
생각까지는 하지 못했었는데 정말 기발한 생각이십니
다. 사찰이야말로 국외 환자들이 한국에서 의료서비스
를 받고 체재하는 기간동안 휴양할 수 있는 시설일 뿐
만 아니라 자연과 하나 된 문화체험을 즐길 수 있는
공간이 아닐까 싶습니다.
템플스테이말고 매니저님께서 생각하신 또 다른 상품
아이템은 무엇인가요?

전　　：네. 또 다른 하나는 쇼핑과 관광을 연계한 상품을 만
드는 것입니다. 사장님도 아시다시피 한류열풍으로 일
본, 중국, 동남아에서 한국 성형수술과 미용산업에 대
한 관심을 크게 가지고 있습니다. 또한 성형수술을 하
러 온 외국인들이 성형수술을 하고 수술 경과를 살펴
보기까지는 약간의 체재기간이 필요합니다. 체재기간
동안 서울시내 관광을 하면서 쇼핑을 한다면 그 부가
가치는 엄청날 것으로 생각합니다.

정　　：맞습니다. 한류열풍으로 한국 연예인처럼 되고자 성형
수술 하기를 원하는 외국인들이 많아졌습니다. 나라와
연령에 따른 타겟을 정확히 세운다면 성공적인 결과를
가져올 것으로 생각합니다. 매니저님께서는 이 상품을
추진한다면 투어일정은 어떻게 짜고 싶으신지요...

전   : 네. 우선 강남구 압구정동이나 청담동 일대에는 외국
       까지 실력 있다고 소문난 병원이 많습니다. 그러한 병
       원들을 중심으로 성형수술을 추천해 드리고 수술 경과
       를 봐야 하기 때문에 그 주변 호텔에 머물면서 인사
       동, 동대문, 남대문 등 서울 시내관광도 하고 강남의
       백화점에서 쇼핑하는 상품이 괜찮을 것 같습니다.

정   : 그래요. 성형수술을 위해 강남을 찾는 외국인이 한해에
       1만 명에 달하는 것으로 알고 있는데 의술과 쇼핑관광
       만 잘 연계시키면 충분히 경쟁력이 있다고 봅니다.

전   : 저의 의견을 좋게 생각해주셔서 진심으로 감사합니다.
       2차 메디컬투어는 변수를 생각하며 더 신중히 추진하
       도록 하겠습니다.

정   : 별말씀을요. 매니저님께서는 늘 열정적이시고 노력하
       시는 분이라 믿음이 갑니다. 두 개의 의견 모두가 마
       음에 들어 무엇을 결정 해야 할지 갈등이 많이 됩니
       다. 저 혼자만의 생각보다는 내일 마케팅부 직원들과
       의 회의를 통해 템플스테이와 의료서비스를 연결시킨
       관광 프로그램이 더 좋을지, 성형수술과 쇼핑을 연계
       한 관광 프로그램이 좋을지 구체적으로 상의해보고 결
       정하겠습니다. 그럼 직원들과 상의한 후에 연락드리겠
       습니다.

전   : 감사합니다.

해설 : 여기 소개하는 시나리오는 많은 교육생 중에서 두 개
       를 선정한 것으로 아주 우수한 시나리오로 독자들에게
       도움이 되리라고 생각한다.

4
국제협상 시나리오

　협상은 아주 작은 집단이나 큰 집단에서나 규모와 대상의 차이이지 결국은 크게 보면 같은원리를 어떤 방식으로 적용하는가가 차이가 있는 것이다. 내국인끼리는 국어로 하기 때문에 언어에 큰 장애가 없다. 그러나 국제협상은 우선 가장 큰 문제가 언어장벽이 있는 것이다. 그러므로 국제협상을 공부하는 사람은 꾸준히 영어공부를 하여야 하며 아울러 각 나라별로 또는 서로 다른 상황에 따른 협상에 잘 대응 하여야 하는 것이다. 이 책을 공부하는 독자들은 이 책을 공부하고 좀 더 고급과정의 각종 협상을 공부하는 계기를 만들기 바라며 여기서는 국제협상에 관한 시나리오를 간단히 소개하니 참고요망하기 바란다.

　아래의 국제협상 시나리오는 2007년 11월에 LG그룹의 인화원에서 3일간 필자가 강의한 국제협상과정에서 우수한 LG그룹의 직원들이 상황을 설정해서 발표한 국제협상 시나리오

를 필자와 함께 좀 더 완성도 높게 작성한 국제협상시나리오
이며 단지 영문으로만 표기한 것이 아니고 국어로 번역을 하
였기에 함께 읽으면서 국제협상의 단편적인 면이라도 이해할
수 있으리라고 기대한다. 이시나리오도 필자와 함께 교육생
들이 상황을 가상으로 설정해서 작성한 시나리오이므로 기업
의 실제 상황이 아니므로 기업의 비밀이 있는 것이 아니고
다만 국제협상의 공부를 하기위한 훈련임을 밝혀둔다.

상황1

1. Mr. Robert 는 다국적기업인 Elevator회사 의 미국 Business
   Unit Director 이다. 이 다국적기업은 2년 전 한국 Elevator
   회사를 인수 합병했고 최근 한국 Business Unit의 비용
   절감을 위하여 수 백 억원 상당의 flat sheet 구매를 구매
   대행회사인 S기업에 의뢰하려 한다.
2. Mr. Robert는 현재 Boston Consulting과 함께 비용절감
   프로젝트 중이며 그 프로젝트의 1단계로서 flat sheet 구
   매비용을 절감시키려 한다.
3. Mr. Robert는 구매대행회사의 영업과장인 Mr. K에 이번
   프로젝트에 대해 설명하고 flat sheet 구매대행을 통해
   비용절감이 가능할지에 대해 RFP 요청한다.
4. 미팅장소는 Mr. Robert 사무실이다.

Mr. Robert : Hi, K. Nice to meet you.
안녕하세요. 케이씨, 뵙게 되어 반갑습니다.

Mr. K : Hi Robert. Nice to meet you, too.
안녕하세요, 로버트씨. 뵙게 되어 반갑습니다.

Mr. Robert : I'm Robert. Thank you for your visiting.
저는 로버트입니다. 방문해주셔서 고맙습니다.

Mr. K : It's my pleasure.
별말씀을요.

Mr. Robert : I'm so sorry to have limited time for this meeting. So let's get to the point now.
미팅시간이 짧아 죄송합니다. 바로 본론으로 들어가시죠.

Mr. K : Good. The wise men say time is gold.
좋습니다. 시간은 금이죠.

Mr. Robert : That's right. Thanks for your understanding.
맞아요. 이해해주셔서 감사합니다.

Mr. K : So, let me know your situation.
상황을 설명해 주시죠.

Mr. Robert : Yes. I heard your company has provided us with the outsourced procurement service for our indirect material purchasing. And our purchasing team has satisfied with your service.

네. 제가 듣기로는 귀사가 당사의 간접자재 구매대행
서비스를 제공하고 있고 당사의 구매팀이 아주 만족하
고 있다고 합니다.

Mr. K : Thank you.
감사합니다.

Mr. Robert : Now, we're hearing some advice from Bost
on Consulting Firm related to the cost reduction.
We thought your company could purchase the raw
material, flat sheets from Chinainsteadofus.
Ofcoursethepriceandqualityarecompetitivecompare
dtotheconditions which we have made until now.
지금, 당사는 보스턴 컨설팅으로부터 원가절감에 대한
조언을 듣고 있습니다. 저희가 생각하기에는 귀사가
저희를 대신하여 철판을 중국에서 구매해 주실 수 있
을 것 같습니다. 물론 가격과 품질에 대해서는 현재
수준에 비교해서 경쟁력이 있어야겠지요.

Mr. K : Thank you for your consideration. Actually, Our
company has a affiliate in Nanjing, China.
Wecanfindveryqualifiedmakersandvendorsthatcan
makeandsupplyflatsheetsallaroundinChina. WhatI'm
really concerning is, what results do you wanna
have from us?
고려해 주셔서 감사합니다. 사실, 저희가 중국 난징에
지사를 가지고 있습니다. 그래서 중국 전역에 걸쳐 철
판을 만들어서 공급할 수 있는 검증된 제조사와 벤더

를 찾을 수 있습니다. 제가 정말로 고민하는 것은, 저
희로부터 어떤 결과를 얻기를 원하십니까?

Mr. Robert : Number one is, frankly, price. Number two
is quality. But as you know, flat sheets are a
sort of commodities.
So I don't worry about quality if it is made by
some qualified makers.
첫째는, 솔직히 가격입니다. 두 번째는 품질인데요. 아
시다시피, 철판은 시장품의 하나죠. 그래서 저는 검증
된 제조사의 제품이라면 품질 걱정은 하지 않습니다.

Mr. K : I totally understand your position and we have
dealt this sort of case a lot and almost all cases
could be completed successfully.
귀사의 입장을 충분히 이해합니다. 그리고 저희는 이
런 사안을 많이 다루어봤고 거의 모은 경우에서 성공
적인 결론을 맺어왔습니다.

Mr. Robert : Sounds good.
훌륭하군요.

Mr. K : From my personal experience, the success of th
is project is totally depending on the result of
cost reduction, isn't it?
제 개인적인 경험으로는, 이 프로젝트의 성공은 전적
으로 원가절감에 달렸다고 봅니다. 그런가요?

Mr. Robert : You're right.
그렇습니다.

Mr. K : To get the desirable accomplishment directly, we
need your purchasing price level at the present
condition. That can decrease time consumption
and lead us to the right way.
바람직한 성과를 바로 얻기 위해서는, 현재 조건의 구
매가 수준이 필요합니다. 그게 있으면 시간절약도 되
고 좋은 결과도 곧바로 도출할 수 있을 것입니다.

Mr. Robert : No way. All I can give you are the inform
ation about amounts, specs and Maker related.
안됩니다. 제공할 수 있는 것은 수량과 스펙 그리고
제조사 관련 정보입니다.

Mr. K : I fully understand your concern. But without
price information, it's difficult for us to make
a meaningful proposal.
In addition to that, you are running out of time
because of the project schedule behind. I just
carefully suggest a way to go to the short cut.
걱정하시는 것이 무엇인지 충분히 이해합니다. 그렇지
만 가격정보 없이는 유효한 제안을 드리기가 어렵습니
다. 게다가, 귀사는 프로젝트 진행 지연으로 시간이
부족합니다. 저는 다만 지름길을 알려 드리는 겁니다.

Mr. Robert : All right. I'm gonna discuss that with our
consulting staffs.
좋습니다. 컨설팅 스텝들과 의논해 보겠습니다.

Mr. K : Please, let me know your decision till this Friday.
이번 주 금요일까지 결정해 주시길 기대합니다.

Mr. Robert : Good. Let's call it a day.
좋습니다. 끝내시죠.

Mr. K : Thank you so much.
대단히 감사합니다.

국제협상 시나리오 상황2

장소 : LG Chem. 본사(LG Twin Tower)

상황 : 전 세계적으로 유가가 상승함에 따라서 LG화학으로부터 PVC에 대한 가격을 30% 인상요청이 접수됨에 따라 LS전선의 구매담당자는 이에 대한 인상 방어뿐만 아니라 대체거래처 개발에 따른 단가 인하 요청을 하기위해 LG화학 본사를 방문하여 협상하는 상황.

박부장과 이부장은 오랫동안 ㈜LG에서 오랫동안 같이 근무를 한 친분이 있는 사이임.

Lee : Mr. Park, Long time no see. How have you been?

이부장 : 박부장님 오랜만입니다. 그동안 어떻게 잘 지내셨습니까?

Park : I'm fine and how about you? I think you look as good as we were in LG Corp together.

박부장 : 이부장님이야 말로 잘 지내셨습니까? 부장님은 예나 지금이나 변함이 없으시네요.

Jung : How do you do? I'm Jung and in charge of PVC
Resin sales. Nice to meet you. And Mr. Lim, long
time no see. How have you bee?

정과장 : 안녕하세요 박부장님 저는 LG화학의 PVC 영업담당인
정과장님이라고 합니다. 만나게 되어서 반갑습니다.
그리고 임대리님도 오랜만이시네요. 별일 없으세요?

Lim : How do you do? Mr. Lee, I'm Lim and in charge
of PVC Resin purchasing. Nice to meet you. It's
so long time to visit LG Twin tower again.

임대리 : 안녕하세요. 이부장님 저는 LS전선 PVC 구매담당인
임동욱 대리라고합니다. 처음 뵙겠습니다. 우리 회사가
LG그룹에서 분리되고 나서 오랜만에 트윈타워를 방문
하니 새롭네요.

Jung : LS Cable was in LG Twin Tower till 2000, wasn't
it? I heard that LS Group moved to ASEM Tower,
Howdoyoufeelyournewplace?

정과장 : 아.. 임대리님께서도 2001년까지 계셨죠? 지금은 LS
그룹분리 후 그룹계열사들이 ASEM 타워 쪽으로 이전
하셨죠? 삼성동 쪽은 어떻습니까?

Lim : Well, I think it was good when we were in LG
Twin Tower.

임대리 : 글쎄요. 오히려 트윈타워시절이 좋은것 같습니다. 삼성
동은 물가 비싸고 차들도 많고 여의도보다는 별로인
것 같네요.

Lee   : We can see that stock price of you company is increased sharply from ₩20,000 to ₩120,000 in these days, After separated from LG Group. How about you?

이부장 : 그래도 LS전선이 계열분리 후 주가가 상당히 많이 올랐더라구요. LG그룹시절에 주가가 2만 원 선이였는데 지금은 12만 원 정도 하는 것 같던데요. 부장님께서는 주가 상승으로 인해 덕을 많이 보셨겠어요?

Park : Well, not too bad and as I know LG Chem's stock price also jumped up, didn't it? Your company business is also getting better. I envy your good news.

박부장 : 글쎄요. 나쁘진 않습니다. 그러시는 부장님도 LG화학 주가가 많이 올랐던데요. 회사 사정도 많이 좋아지고, 주가도 많이 오르고 좋은 일만 있으시네요.

Lee   : You are right. But I have small quantity of stock. Our company was good before but as you know, because oil price increased so sharply these days, we have a lot of pressure in material cost.

이부장 : 네. 주가는 많이 올랐더군요. 그래도 제가 가지고 있는 주식이 많지 않아서요. 얼마전까지 회사 사정이 많이 좋았었지만, 부장님도 아시다시피 최근 유가가 급등함에 따라서 우리들에게는 재료비 상승의 압력이 상당히 큽니다.

Jung : You know, recently Dubai Oil Price is go up from
       $50 to $90. Because of that, we have difficult
       situation in business. So I'm afraid to say that
       price of PVC Resin must be raised. 30% increase
       is minimum figure.

정과장 : 부장님이나 임대리님도 아시다시피 최근 들어 유가가
        두바이유가 기준 $50대에서 $90불을 육박하고 있습니
        다. 이에 따라 기초 유화가격 또한 급등하여 사업운영
        에 많은 어려움을 겪고 있습니다. 그래서 본의 아니게
        가격인상을 요청하게 되었습니다. 저희가 요청한 30%
        는 재료비 인상분을 최소한으로 반영한 수치입니다.

Lim : As a matter of course, we totally agree your offer.
       But, you know, our company have been difficult
       in our business because copper price have been
       increased. So 30% increase give us much pressure.

임대리 : 저희도 또한 유가 급등에 대해서는 공감을 합니다만,
        아시다시피 우리 회사도 유가 뿐만 아니라 동가 상승
        으로 인해 많은 어려움을 겪고 있습니다. 30%라는 수
        치는 큰 폭의 인상이라고 생각합니다.

Park : We are expecting that our company go into the
       red in this year. I afraid that it's so hard time
       to raise PVC price. In the future we expect that
       business volume will be increased and to be a
       good relationship, we would like to maintain the
       same price

박부장 : 올해 동가 상승에 따라 우리 회사의 경영사정이 나빠
져 적자가 예상되는 시점입니다. 이에 PVC 가격 인상
은 어려운 상황입니다. 앞으로 우리 물량의 증가가 예
상되고 우리 회사와의 기존 거래 관계를 감안하시어
가격 동결을 요청합니다.

Lee : Considering to our relationship, we already raise
other company price but we didn't raised price
of your company.

이부장 : 저희도 오랫동안 LS전선과의 관계를 고려하여 예전에
타 업체는 인상을 하였으나, 귀사는 이제껏 미루어 심
사숙고 후 내린 결정입니다.

Jungj : Recently, we have RFP from Daihan Cable. We
can't guarantee your business quantity if you
don't accept our proposal.

정과장 : 최근 들어 대한전선에서도 Order에 대한 문의가 들어
오고 있습니다. 가격 인상 불가 시 물량에 대해 보증
할 수 없는 상황도 발생할 수 있습니다.

Lim : I know about that. But in case of Daihan Cable,
they've been a good relationship with Hwanhwa
Corp. And your price is higher than Hwanhwa's.
Moreover we are try to have a business with that
corp.

임대리 : 그 사실에 대해서는 저도 알고 있습니다. 하지만, 대한
전선의 경우 타 거래 업인 한화와의 거래관계가 돈독

하고 한화의 가격이 LG화학보다 높지 않은 걸로 알고
있다. 또한 요청하신 가격 인상 후 저희도 한화와 거
래추진을 하고 있습니다.

Lee　　：It's a difficult situation. I think we can't conclude
easily and don't have authority to complete this
issue. So how about putting off this meeting so
me day later? Let's meet with our boss again.

이부장 : 참 쉽지 않은 상황이군요. 각자의 입장이 지금 첨예하
게 대립하고 있으니 오늘 결론은 쉽지 않을 것 같습니
다. 아무래도 우리 권한 밖에 일인 것 같습니다. 향후
임원분들을 모시고 다시 한번 미팅을 갖도록 하시죠?

Park　：I agree with you. Thank for your time.

박부장 : 네 그렇게 하시죠. 바쁜 시간 내주셔서 감사합니다.

이종선

◈ 학력 및 경력

돈암초등학교, 용문중학교, 신일고등학교 졸업
한성대학교 경제학과 졸업
전) LLI외국어 학원 영어회화 강사
　　석영상사(주) 교육매체 사업부장
　　한국능률협회 국제협력본부 전문위원
　　한국무역협회 국제무역연수원 국제협상 강사
　　한국금융연수원 비즈니스협상 강사
　　(주)탑매니지먼트 컨설팅 ISO영어 세미나 통역위원
　　Tailored Shirts Korea Branch Manager
　　한국검경신문 논설위원
현) 국제협상전략연구소 소장
　　Killerspin Korea 대표
　　(주)국제에듀 창조경영개발원 전문위원
　　한국협상학회 정회원

◈ 저 서

국제협상전략영어(1998)
기업을 성공으로 이끄는 비즈니스협상(2002)

◈ 산업교육 멀티미디어 프로그램 개발 경력

(Training Video script와 교재 번역 및 녹음)
The Time Manager(영국, BBC)
The Learning Experience(영국, BBC)
Exercises in Communication Skill(미국, Aims Media)
Team Building(미국, Crm Films)
Remember Me(미국, Crm Films)
Group Think(미국, Crm Films)
Even Eagles Need a Push(미국, Crm Films)
The Leadership Challenge(미국, Crm Films)

연애와 협상

초판 1쇄 발행 2008년 5월 25일

저자 이종선
발행인 강석원

발행처 한국재정경제연구소
등록번호 제2-584호(1988.6.1)
주소 서울특별시 강남구 대치동 889-5
전화 (02) 562-4355
팩스 (02) 552-2210
e-mail book@kofe.or.kr
홈페이지 www.kofe.or.kr

ISBN   978-89-85808-98-9 (13320)
값   10,000원

※ 코페하우스(KofeHouse)는 한국재정경제연구소 출판 브랜드입니다.